＜シリーズ＞
政権交代期における政治意識の全国的時系列的調査研究

山田真裕

二大政党制の崩壊と政権担当能力評価

木鐸社

<シリーズ>
政権交代期における政治意識の全国的時系列的調査研究

序文

　投票行動研究は，民主主義の要となる選挙の機能を明らかにするという現実的なレリヴァンスをもつとともに，政治学や社会学など諸分野からのアプローチにより進められるという点で，社会科学上の重要な結節点でもある。われわれの研究も，1983年のJES調査以来続けられている投票行動の全国的・時系列的調査研究の基盤を明確に継承しつつ，今日的要請に応えるべく新しい視点を加え，JES V (Japanese Electoral Studies V)としての全国時系列調査を実施し，政権交代期における民主主義を体系的に解明することを基本目的とし，2012 ～ 2016年度文部科学省科学研究費補助金特別推進「政権交代期における政治意識の全国的時系列的調査研究」(研究代表者：小林良彰，研究分担者：谷口将紀，平野浩，山田真裕，名取良太，飯田健)により実施している。「政権交代期における政治意識の全国的時系列的調査研究」と名付けられた，このシリーズはそうした研究成果の一部をとりまとめたものである。

　われわれの研究は，投票行動の全国的・時系列的調査研究を基礎としつつも，1960年代からの過去の研究資産を活かし，政治学の新しい視点から再構築し，従来の投票行動研究を発展させること，また，日本における主要な政治意識調査として，現在強く要請されている社会科学における学術データベースの構築と国内外への公開，それを通じての国際比較研究の推進，研究成果の発信にも貢献することを目的とする。具体的には，下記の点についての研究を実施している。

1. 選挙研究から民主主義研究への進化：投票行動や選挙結果を被説明変数ではなく説明変数としても扱い，民主主義の動態を解明する。
2. 多角的データの融合による政治研究の飛躍的発展：選挙結果・選挙公約・議会議事録・予算配分など政治過程の諸データと接合し，調査データの有用性を拡大する。
3. マルチメソッドによる分析：従来の面接調査による結果と郵送調査・インターネット調査・電話調査による結果を比較することで，新しい意識

調査の方法論を構築する。
4．政治意識の形成と変容の解明：40年以上継続する投票行動の全国的・時系列的調査研究の基盤を継承し大規模な全国パネルデータを収集・整備する。
5．知的資産の社会的還元及び国際的発信：調査データを公開することにより，海外の選挙研究・日本政治研究の発展に貢献する。このことを通して，民主主義の解明を目指す多角的研究を進めるとともに，国内外の学術及び社会に知的資産を還元することが，本研究課題の独創性と意義である。

こうしたわれわれの研究では，日本における多数決型代議制民主主義の機能について検証する。具体的には，(1)「競合する政策エリートが提示する公約に基づいて市民が政策エリートを選択している(イシューヴォーティング)かどうか」（代議制民主主義の事前的側面），(2)「選出された政策エリートが公約に基づいて国会で議論して政策形成を行っている(選挙公約と国会活動の一致)かどうか」（代議制民主主義の代議的側面），(3)「市民が選択した政策エリートが形成する政策に対する評価に基づいて，次の政策エリートを選択している(レトロスペクティブヴォーティング)かどうか」（代議制民主主義の事後的側面）について分析を進め，「市民が政策エリートに民意を負託し，選出された政治家が国会で議論した結果として形成される政策に対する市民の評価が，次の政治家選出につながる」という代議制民主主義が，日本においてどのように機能しているかを明らかにする。そのために，われわれは分析にあたって次のテーマを設定した。

1．選挙公報の認知と投票行動の関係：代議制民主主義の事前的側面を主観的調査データだけでなく，客観的内容分析データを用いて検証する。
2．批判的投票者の形成要因と変容要因：政党や政治家に対しては批判的であっても民主主義そのものは高く評価する「批判的投票者」の形成要因及び変容要因を意識調査により解明する。
3．選挙公報と議会行動の関係：代議制民主主義の代議的側面を検証する。民主主義の指標化について，従来の外形的変数によらず，選挙公報と国会議事録の内容分析を用いた「機能」に着目した新しい指標を構築する。
4．政策パフォーマンスと次回投票行動の関係：代議制民主主義の事後的

側面を主観的な調査データだけでなく，客観的内容分析データを用いて検証する。
5．選挙運動の動員効果：代議制民主主義の環境（動員活動）が投票行動に及ぼす効果を解明することにより，如何なる動員が効果を持つのかを解明する。

　これらの分析を通じて，日本における代議制民主主義の機能を解明するとともに，民主主義の理論的仮説やモデルに対する理論的な貢献も果たしていく所存である。

シリーズを代表して
小林良彰

目次

序章　本書のリサーチ・クエスチョンとその背景 …………………… 11
　1．なぜ二大政党制は定着しなかったか？ ……………………………… 11
　2．投票行動の全国化：選挙制度改革がもたらしたもの …………… 14
　3．政権担当能力評価：自民党以外の選択肢はあるか ……………… 14

第1章　2009年総選挙における政権交代と民意 ………………… 19
　1．はじめに——二大政党制化とその崩壊 ……………………………… 19
　2．各党の得票とその変動 ……………………………………………… 21
　3．スウィング・ヴォーティング（swing voting）とは何か ………… 23
　4．JES Ⅳデータに見られるスウィング・ヴォーティング …………… 25
　5．スウィング・ヴォーティングの説明要因 …………………………… 28
　6．仮説の操作化と利用するデータ ……………………………………… 32
　7．仮説の検証 …………………………………………………………… 34
　8．まとめと含意 ………………………………………………………… 41
　付録　本書の分析に使用した変数の質問文 …………………………… 44

第2章　スウィングしたのは誰か ………………………………… 47
　1．はじめに ……………………………………………………………… 47
　2．スウィングしたのはだれか：
　　　スウィング・ヴォーターの社会経済的属性 ……………………… 48
　3．スウィング・ヴォーターの政治的情報環境 ………………………… 51
　4．投票選択の判断基準 ………………………………………………… 56
　5．スウィング・ヴォーターと政策志向 ………………………………… 58
　6．むすび ………………………………………………………………… 59

第3章　2010年参院選における投票行動 ………………………… 63
　1．はじめに ……………………………………………………………… 63
　2．以前の国政選挙との比較 ……………………………………………… 65
　3．2010年参院選における投票行動と政権担当能力評価，党首評価，
　　　政策選好，投票に役立った情報 ……………………………………… 72

4．まとめ……………………………………………………………… 89

第4章　民主党政権の瓦解と政治不信の深化 ………………………… 91
　1．民主党からの離反………………………………………………… 91
　2．政権と政権担当能力への評価…………………………………… 93
　3．政権担当能力のある政党の不在と政治不信…………………… 96
　4．まとめ……………………………………………………………… 100

第5章　2014年総選挙における政治不信と投票参加 ………………… 101
　1．問題設定と仮説…………………………………………………… 101
　2．理論的検討と分析モデルの設定………………………………… 102
　3．データ分析………………………………………………………… 103

第6章　一党優位政党制の復活 ………………………………………… 109
　1．内閣支持と不支持………………………………………………… 111
　2．政党支持と無党派層……………………………………………… 114
　3．感情温度計………………………………………………………… 116
　4．まとめ……………………………………………………………… 121

第7章　われわれは選択肢を持ちうるか ……………………………… 123

補論1　有権者調査の現状と課題 ……………………………………… 129
　1．はじめに…………………………………………………………… 129
　2．サンプリング・デザインと回収率……………………………… 130
　3．調査手法の多様化………………………………………………… 132
　4．調査票作成………………………………………………………… 133
　5．国際比較調査への対応…………………………………………… 136
　6．データ公開………………………………………………………… 137
　7．調査の継続性……………………………………………………… 139
　8．まとめにかえて…………………………………………………… 140

補論2　2005年衆院選における自民党投票と政治的情報量 …………… 143
 1．小泉自民党を勝たせたのは低情報投票者(B層)か？ ……………… 143
 2．政治的情報量，政治的知識をどう測定するか……………………… 148
 3．分析に用いる変数とモデル…………………………………………… 151
 4．分析……………………………………………………………………… 155
 5．まとめ…………………………………………………………………… 162
付録　本書の分析に使用した変数の質問文…………………………………… 167

引用文献 ………………………………………………………………………… 169

あとがき ………………………………………………………………………… 179

索引 ……………………………………………………………………………… 181

二大政党制の崩壊と政権担当能力評価

序章
本書のリサーチ・クエスチョンとその背景

1．なぜ二大政党制は定着しなかったか？

　日本の衆議院選挙制度がいわゆる中選挙区制から小選挙区比例代表並立制に移行して以来，日本政治を観察する者の主要な関心の1つは，政権交代可能な二大政党制の構築，すなわち自民党以外に政権を担いうる政党が生まれるかどうかにあった（佐々木 1999；三宅 2001, 11-13）。この選挙制度改革がなされたのちの最初の衆議院選挙（1996年10月20日実施の第41回総選挙）の直前に結党された民主党は，その後勢力を拡大し，2009年8月30日に実施された第45回総選挙において自民党を下野させ，政権を獲得することに成功した（田中・河野・日野・飯田・読売新聞世論調査部 2009）。
　しかしそれによって発足した鳩山由紀夫内閣は，当初こそ高い内閣支持率を享受していたものの，沖縄普天間基地移設問題における混乱や政治資金問題などで国民からの支持の多くを失い，鳩山内閣退陣以降も「エネルギーを党内抗争のために浪費した」（前田・堤 2015, 5）。その結果民主党は2012年12月4日実施の第46回総選挙において大敗を喫し，政権の座から追われた。その後の2013年に行われた第23回参議院通常選挙，2014年12月の第47回総選挙においても民主党の党勢は回復することはなかった。2016年7月の第24回参議院通常選挙を迎えるに際しては，維新の党を吸収し，党名を民進党と改め，野党間で候補者を一本化するなどの努力をしたが，改選議席数を大きく下回る32議席の獲得にとどまったのみならず，自民党をはじめとする改憲勢力が参議院においても3分の2を超える議席を獲得する事態となった。

民主党の退潮を示す図が図0-1と図0-2である[1]。図0-1は第1党である自民党と第2党である新進党・民主党それぞれの相対得票率を足した値を1996年から直近の2014年総選挙についてプロットしている。つまり二大政党がどの程度の得票率を占めているかがこの図で示されている。この数値を小選挙区について見ると，2000年総選挙までは70％に満たなかったが，2003年から2009年においては80％を超える。しかし2012年と2014年では再び70％よりも低い値を示している。比例区でも2003年から2009年にかけての間は，比較的高い値を示している。興味深いのは小選挙区での値がこの期間上昇傾向を示しているのに対して，比例区は逆に減少傾向を示していることで，小政党が小選挙区を大政党に譲り，比例区での生き残りを図った様子がうかがえる。ただし大きな傾向としては比例区も小選挙区と似たカーブを描いている。

図0-2は図0-1と同様に1996年から2014年総選挙にかけて，有効政党数をやはり小選挙区と比例区それぞれの投票結果から算出し，プロットしたも

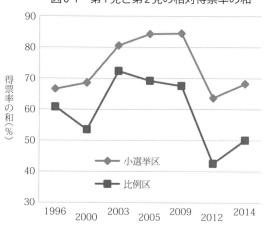

図0-1　第1党と第2党の相対得票率の和

データ出所：総務省衆議院議員総選挙・最高裁判所裁判官国民審査結果調

1　両図とも元になるデータは，総務省による『衆議院議員総選挙・最高裁判所裁判官国民審査結果調』であり，e-Stat（http://www。e-stat。go。jp/SG1/estat/GL02100104。do?gaid=GL02100102&tocd=00200235）より入手した。

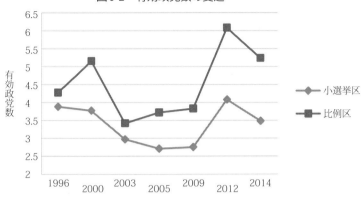

図0-2 有効政党数の変遷

データ出所：総務省衆議院議員総選挙・最高裁判所裁判官国民審査結果調

のである[2]。ちょうど図0-2の曲線は図0-1のそれと逆の動きを示していることがわかる。図0-2によれば，小選挙区投票における有効政党数は2000年までは4に近かったが，2003年から2009年にかけては3よりも小さな値になっている。そして2012年総選挙では現行選挙制度において初めて4を超えた。しかし2014年総選挙ではまたその値を下げている。比例区でもおおむね同様の動きを示している。以上より，2009年までは二大政党制化の傾向が表れていたが，2012年総選挙でそれが崩れたことがわかる。

21世紀に入ってからの日本の衆議院選挙結果は大きな変動を複数回示している。民主党は2003年まで着実に勢力を伸張させ，2005年に至っては議席数こそ厳しかったが，全国単位の得票数としては小選挙区，比例区の双方で2000万票を獲得するまでに至った。自民党は2005年の衆議院選挙において大勝利を果たしたが，次の2009年総選挙では大敗による下野を余儀なくされている。政権交代可能な二大政党制がついに実現したかと思いきや，前述のように2012年総選挙では民主党が大敗し，2016年を迎えても党勢回復の兆しはまだ見えない。なぜ日本において二大政党制は定着できないでいるのであろうか。

2　有効政党数は各政党の得票率を自乗し足し合わせたものの逆数である。川人ほか（2011, 123）参照。データの出所は本章注1と同じ。

2．投票行動の全国化：選挙制度改革がもたらしたもの

　このような大きな変動は21世紀に入ってからのことであり，1つの大きな原因が1995年の衆議院選挙制度改革にあると考えることは自然だろう。ではなぜ選挙制度改革が政党システムの安定を損ないかねない大きな選挙結果の変動をもたらすのか。1つにはもちろん，政党が確固たる社会基盤のもとに築かれているわけではないということがあるだろう。しかしそれは近年に生じた短期的な要因ではない。本書が重要と考えるのは，選挙制度改革に伴って起きた「選挙の全国化(nationalization of elections)」現象である。「選挙の全国化」とは選挙結果が国単位の共通な要因によって左右され，説明される部分が大きくなることをいう(Caramani 2004; Kawato 1987=川人 2004, 19-42)。

　選挙結果や投票行動を考える際，我々はもちろん内閣支持や政党支持といった共通要因による説明を考えるが，実際にはそれ以外の要因も少なからず働く。たとえば候補者は選挙区に固有の要因である。中選挙区制の下で長らく政権党であった自民党は，同一の選挙区に複数の候補を擁立することが常であった。それは派閥政治と密接に関連していた。結果として自民党政権の政策に批判的な自民党議員をある程度党内に抱え込むことで，有権者の不満を他党への投票に変換することなく吸収することができたともいえる(石川・広瀬 1989)。そのような中選挙区制の下では，内閣評価，政党評価，党首評価といった全国的要因もさることながら，候補者要因の重要性が指摘されていたところである(三宅 1989)。

　しかしながら選挙制度が変わったことによって，日本においても候補者要因など選挙区単位の要因よりも全国的な要因の方が選挙結果をより大きく左右するようになったことが指摘されている(McElwain 2012)。

3．政権担当能力評価：自民党以外の選択肢はあるか

　本書はそのような政治変動を有権者側の視点から分析する1つの試みである。日本においてなぜ政権交代可能な二大政党制が定着しないのかは，もちろん有権者を分析することのみから答えを出せるものではない。ただし，少

なくとも有権者の目から見て政権を担いうる政党が複数存在しないのなら，実質的な選択の余地のない選挙ということになってしまう。その意味で本書においてとりわけ重要な変数は有権者の政党に対する政権担当能力評価である。この変数はアメリカをはじめとして政権交代可能な二大政党制を発達させてきた国においては問題とされず，投票行動研究において考慮されることは稀である[3]。

　しかしながら自民党の一党支配が長かった我が国の文脈において，自民党以外の選択肢が有権者にとってどれだけ現実的であったのかは深刻な問題である。自民党以外に政権を担当しうる政党がないと有権者の多くが判断していた場合，その選挙には政権選択や政策選択の意味は薄く，政権を統制する手段としての選挙の機能は弱いことになる[4]。この点を克服することを日本において目指した人々が，選挙制度改革を通じて政権交代可能な二大政党制を達成しようとしたことも理解できる（大嶽1997）。

　選挙での投票が有権者にとって有意義な選択（meaningful choice）であるための要件として，ベルンハルト・ウェッセルズとヘルマン・シュミットは以下の3点を指摘している。それらは第1に制度が適切に票の分布を政権や政策形成に変換すること，第2に政党が示す現実的で実質のともなった選択肢に沿った形で選挙結果が政治的委任をもたらすこと，第3に有権者が選挙において実質的に異なる政策パッケージから妥当な選択をすること，などである（Wessels and Schmitt 2014, 39）。第1の条件に引き付けて言えば，一票の格差などの定数不均衡はこの条件をゆがめる形で機能すると考えられる。第2の条件についてはそれぞれの政党が有権者に示す政策パッケージが有権者にとって明確に異なるものであることと，それらの政党が政権をとった際にはその政策パッケージが確実に実行されるであろうと有権者が思うことが必要である。これを日本政治の文脈に即して考えると，自民党以外の政党に政権を担当し政府を運営する能力があると有権者が思えること，すなわち有権者が自民党以外の政党にも政権担当能力があるとみなすことが必要である。

3　貴重な例外としてWagner and Zeglovits（2014）。
4　蒲島郁夫のバッファー・プレイヤー（牽制的投票者）論は自民党政権を前提にした上で，自民党を牽制する意図を持った投票を行う有権者を想定している。その定義は「基本的に自民党政権を望んでいるが，政局は与野党伯仲がよいと考えて投票する有権者」である（蒲島2004, 75）。

ただし政党に政権を担当する能力があるかどうかを有権者が認知するかどうかは，有権者の知識次第である。すなわち政治や政党についての知識が不十分であれば，有権者は特定の政党に政権担当能力があるのかどうかわからなくても不思議ではない。

少なくともアメリカでは世論調査の結果から有権者の多くが一貫したイデオロギーを持っておらず，その回答が一貫性を欠いており，政治知識も貧弱であることが定説化している(Converse 1964；Bennett 1989；Delli Carpini and Keeter 1996)。日本人を対象とした政治意識調査においても政治についての態度などを尋ねられた場合に「わからない」と答える(「DK(Don't Know)回答」と呼ばれる)人の割合が高いことはよく知られている(Flanagan et al. 1991, 43-46)。もちろん「わからない」と答えるのは無知からとは限らず，自分の政治的態度を明らかにしたくないためかもしれない(山田・尾野 2015)。ただ，DK回答と政治的関心は強い相関があり，当然政治的関心が低いほどDK回答をする割合が高くなる。そういう層は恒常的な棄権者も多いために選挙結果への影響も小さいと思われる(Flanagan et al. 1991, 45)。

現在の日本における選挙政治の文脈，より詳しく言えば2009年，2012年それぞれの衆院選において政権交代をもたらした有権者の投票行動を理解する上で重要なのは，ある程度の政治関心を持ち，時に棄権することはあっても場合によっては投票による意思表示を行う有権者が，自民党以外の政党に政権担当能力を認めるかどうかではないかと考えられる。ひらたく言えば，自民党を政権の座から下ろしたいと考える有権者は，自民党以外の政党に政権担当能力を認めることができれば，その政党に投票するであろう。そうでない場合には政権担当能力を認めることができない政党の中から比較的考え方が近いと思われる政党を選んで投票するか，棄権を選択するのではないかと想定される。本書はそのような有権者のロジックが2度の政権交代をもたらしたのではないかという仮説を検証する試みである。

以上の問題設定に基づいて本書は以下の構成をとる。第1章「2009年総選挙における政権交代と民意」では，それまで自民党に投票していた有権者の一部が民主党に投票するスウイング・ヴォーティングを取り上げ，そのような投票行動において有権者が民主党を政権担当能力を有する政党として認知したことが重要な役割を果たしたことを示す。

第2章「スウイングしたのは誰か」においては，自民党を下野させ民主党

政権を誕生させる上で大きな役割を果たしたスウィング・ヴォーターがどのような有権者なのかを分析する。

　第3章「2010年参院選における投票行動」は，政権担当能力評価を手がかりに，2009年総選挙において自民・民主両党に投票した有権者が，2010年参院選でどのような行動をとったのかを分析する。

　第4章「民主党政権の瓦解と政治不信の深化」においては2012年総選挙のデータに基づいて，政権担当能力を有権者に認められなくなったことが，民主党の惨敗及び二大政党制の崩壊のみならず政治不信の深化につながっていることを示す。

　第5章「2014年総選挙における政治不信と投票参加」は，政権担当能力を持つ政党がないと考える有権者の増大が低投票率と関連していることを示す。

　第6章「一党優位政党制の復活」は，内閣支持と不支持，政党支持，政党や政治家への感情温度という観点から，有権者の認知において自民党一党優位が復活したこと，ならびに第2次から第3次の安倍内閣に対する国民の支持が2000年以降に発足した内閣の中でも強いことを示す。

　最終第7章「われわれは選択肢を持ちうるか」ではそれまでの分析で得られた知見をまとめ，日本政治の将来についての展望を示すとともに，今後の研究の方向性を検討する。

　補論1「有権者調査の現状と課題」においては，JESを含めた有権者調査をめぐる近年の状況と今後の課題を論じる。

　補論2「2005年衆院選における自民党票と政治的情報量」は本書の問題意識とポピュリズム論との関連を示したものである。

　本書で中心的に用いるデータは5期にわたるJES（Japanese Election Study）調査によって得られたものである。

第1章
2009年総選挙における政権交代と民意[1]

1．はじめに——二大政党制化とその崩壊

　2009年の衆議院総選挙は周知のごとく，民主党が地滑り的大勝を記録し，社民党と国民新党をパートナーとする連立政権を樹立した[2]。このことにより自民党は1955年の結党以来，1993年から1994年にかけての細川護熙内閣，羽田孜内閣の期間を除いてはほぼ一貫して維持していた政権党の地位から降りることを余儀なくされた。民主党は1996年の結党から13年かけて政権の座に就いたことになる。

　図1-1は1996年から2009年までの衆議院選挙における自民，民主両党の得票数をそれぞれ小選挙区と比例区についてプロットしたものである[3]。1996年に結党された民主党は党としての最初の選挙である1996年総選挙で，小選挙区において約600万票，比例区で約895万票を獲得している。この当時は自民党に対峙する野党第1党としては新進党が存在しており，小選挙区で約1581万票，比例区で約1558万票を得ている。この新進党は1997年末に解党した。

1　本章は山田(2009; 2010)を改稿したものである。
2　この他に新党大地と新党日本が民主党との統一会派を形成している。
3　1996年から2005年までのデータは総務省自治行政局「衆議院議員総選挙・最高裁判所裁判官国民審査結果調」(http://www.stat.go.jp/data/chouki/27.htm)より，2009年選挙のデータはe-Stat (http://www.e-stat.go.jp/SG1/estat/GL02100104.do?gaid=GL02100102&tocd=00200235)より入手した。

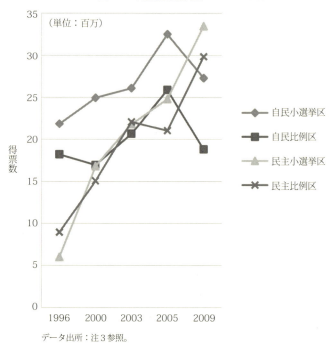

図1-1 衆院選得票数　1996-2009

データ出所：注3参照。

　図1-1より結党以後，民主党は順調に党勢を伸張していたことがあきらかである。小選挙区における得票は増える一方であったし，比例区においては2005年こそ前回の2003年総選挙から減らしているものの，基本的に右上がりのカーブを描いている。ただしこれは民主党に限ったことではない。自民党もまた1996年を起点に見れば民主党ほどではないが右上がりの傾向を示している。大敗した2009年総選挙についても得票数だけで見れば，小選挙区，比例区ともに1996年の水準を上回っている。この事実は日本の政党システムが二大政党制の方向に進んでいたことの論拠の一つである。

　そして2009年総選挙においては民主党が小選挙区，比例区ともに大きく得票を伸ばしたのに対して自民党が減らした。この章では2009年総選挙における投票行動に注目する。この選挙において日本はついに政権交代可能な二大政党制を実現したかに見えた。もちろん2016年4月現在の我々は序章でも触れたように，2012年の総選挙においてそれが瓦解し，直近の2014

年総選挙においてもまだ自民党に対抗して政権を担いうる政党として民主党が党勢を回復させられず，2016年には維新の会との合併によって民進党が生まれたことを知っている。本章においてまずは2009年における投票行動について分析し，政権交代が実現したメカニズムを探ることにしよう。

その目的を果たすために本章は次のような構成をとる。次の第2節「各党の得票とその変動」では2009年の政権交代にいたる得票の変動を2003年総選挙からたどる。その中で2005年に自民党に投票した有権者のうちある程度の部分が2009年では民主党に投票した可能性が高いことが示される。第3節「スウィング・ヴォーティング(swing voting)とは何か」においてはスウィング・ヴォーティングに関する理論的検討と，その分析上の重要性について論じる。第4節「JES Ⅳデータに見られるスウィング・ヴォーティング」ではJES Ⅳプロジェクトによって取得されたサーヴェイ・データを用いて，2009年におけるスウィング・ヴォーティングを分析する。続く第5節「スウィング・ヴォーティングの説明要因」ではスウィングを説明する変数の紹介を行い，本章の仮説を導く。第6節「仮説の操作化と利用するデータ」では仮説を検証するための操作化手順とデータを紹介し，サーヴェイ・データによって検証する。第7節「仮説の検証」で分析結果を紹介し，第8節「まとめと含意」で本章によって得られた知見とその含意を検討し，さらなる研究課題を整理する。

2．各党の得票とその変動

この節では2009年の政権交代にいたる得票の変動を選挙結果の集計データで確認する。表1-1は2003年から2009年までの3回の総選挙における主要政党の絶対得票率を投票率，当日有権者数を合わせて示したものである。2005年，2009年の選挙はいずれも70％近い高めの投票率を記録している。まず自民党について確認する。自民党の絶対得票率は小選挙区で25.5→31.6→26.3（いずれも％）と推移している。2009年総選挙で自民党は2005年から5％ポイントを減らし大敗したが，それでも2003年を1ポイントほど上回る絶対得票率である。比例区においては20.2→25.1→18.1であり，小選挙区よりも低いと同時に，2005年から2009年の減少が7％ポイントと大きい。自民党候補は多くの小選挙区において公明党の選挙協力を受

表1-1　2003年～2009年衆議院選挙における絶対得票率と投票率（単位：%）

区別	選挙年	自民党	公明党	民主党	社民党	共産党	その他・無所属	各党得票率の総和	無効票率	投票率	当日有権者数
小選挙区	2003	25.5	0.9	21.3	1.7	4.7	4.1	58.2	1.7	59.9	102,232,944
	2005	31.6	1.0	24.1	1.0	4.8	3.7	66.1	1.4	67.5	102,985,213
	2009	26.3	0.8	32.2	1.3	2.9	3.9	67.3	2.0	69.3	103,949,441
比例区	2003	20.2	8.5	21.6	3.0	4.5	0.0	57.8	2.0	59.8	102,306,684
	2005	25.1	8.7	20.4	3.6	4.8	3.2	65.8	1.7	67.5	103,067,966
	2009	18.1	7.7	28.7	2.9	4.8	3.0	65.2	4.0	69.3	103,949,441

けている。公明党票を小選挙区と比例区で比較すると，公明党との選挙協力によって小選挙区における自民党は700万票ほどを得ていると推測される。

　一方の民主党だが，小選挙区で21.3→24.1→32.2，比例区では21.6→20.4→28.7と推移している。小選挙区では絶対得票率を単調に増加させているが，比例区では2005年で微減，2009年で8％ポイント以上（すなわち800万票以上）を伸ばしている。2009年総選挙において共産党は小選挙区における候補擁立を控えた。その結果小選挙区における絶対得票率を2％ポイントほど低下させている[4]。

　表1-1のデータを加工して，政党別得票率と投票率の変動を確認したものが表1-2である。これは2003年から2005年にかけてと，2005年から2009年にかけての絶対得票率と投票率の差をそれぞれ示したものである。表の上半分である2003年から2005年にかけての変化を見ると，2005年衆院選に関しては投票率の増加分を相当程度，自民党が吸収しているであろうことが推測される。この選挙前に自民党は郵政民営化法案に反対した現職を公認せず除名し，別の公認候補を立てて選挙を戦ったが，これによる負の影響をこうむっていない。逆に自民党からの除名者を含む「その他・無所属」カテゴリーは，比例区では投票率を上げているものの，小選挙区では得票率を下げている。また民主党は小選挙区では得票率を上げているものの，比例区では逆に下げている。一方他の政党はすべて比例区における得票率をわずかにせよ上げている。

---

[4] 共産党が2009年総選挙で多くの小選挙区において候補を見送ったことの効果を河野勝が分析している（河野2009, 45-49）。

表1-2　最近3回の衆院選における絶対得票率と投票率の変動（単位＝％ポイント）

		自民党	公明党	民主党	社民党	共産党	その他・無所属	投票率の変動	各政党得票率の総和の変動	無効票率の変動
2003→	小選挙区	+6.1	+0.1	+2.7	-0.7	+0.1	-0.4	+7.7	+7.9	-0.2
2005	比例区	+4.9	+0.2	-1.2	+0.6	+0.3	+3.2	+7.6	+8.0	-0.4
2005→	小選挙区	-5.3	-0.2	+8.1	+0.4	-1.9	+0.2	+1.8	+1.2	+0.6
2009	比例区	-7.0	-1.0	+8.3	-0.7	-0.0	-0.1	+1.8	-0.6	+2.4

　次に表1-2の下半分である2005年から2009年への変化を確認しよう。投票率そのものは小選挙区も比例区も1.8ポイントの増加を示している。これに対して自民党の得票率は小選挙区で-5.3ポイント，比例区で-7.0ポイントを示している。これに対して民主党の得票は小選挙区において8.1ポイント，比例区において8.3ポイント増加している。ここから自民党，公明党，共産党の得票減少分と投票率の上昇分マイナス無効票の増加分が，あらかた民主党に流れ込んだのではないかと推測される。そして民主党票増加分の最大の供給源は2005年において自民党に投票していた有権者ではないかという推測も同時に生まれてくる。つまり2009年には自民党から民主党へのスウィングが起きていた可能性が高い[5]。表1-1にあるように2009年衆院選における民主党と自民党の得票差は小選挙区で約6ポイント，比例区でおおよそ10.6ポイントであり，絶対得票率にして5.5％の有権者が民主党から自民党に移動すれば覆る差である。すなわち600万人の有権者の投票先が自民党になるか，民主党になるかで，政権交代が実現する状況だったと言える。自民党から民主党へと投票先を変化させたスウィング・ヴォーター（swing voters）を分析することの重要性は明らかであろう。

3．スウィング・ヴォーティング（swing voting）とは何か

　スウィング・ヴォーティングとは，以前の選挙において投票した政党と異

---

[5] 新聞各紙は出口調査の結果などから，いずれも自民党支持者の3割が民主党に流れたと推測していた。

なる政党に投票方向を変化させるような投票行動のことである[6]。1回の投票における相対多数で当落を決める小選挙区が議席比率において高い比重を占めるような選挙制度では，わずかな票の動きが選挙区単位でも全国単位でも大きな選挙結果の変化をもたらす。よって投票先の変更であるスウィング・ヴォーティングの持つ意味は大きい。スウィング・ヴォーターたちが見識を持って投票先を変更しているのだとすれば，彼らこそが代議制民主主義体制におけるアカウンタビリティ・メカニズムを担保する存在であるということになる。逆に彼らが無定見かつ近視眼的で，騙されやすく操作されやすいがゆえに投票先を安易に変更しているのだとすれば，その体制のアカウンタビリティ・メカニズムに対して楽観的見解を持つことは難しい[7]。その意味で「スウィングしたのはどのような有権者か？」という問いはきわめて重要である。

アメリカにおける投票行動研究の蓄積においては，有権者の政治的無知については共通理解が成立しているものの（Delli Carpini and Keeter 1996），その政治的判断力や政治的能力（political competence）については，悲観論と楽観論が併存している。悲観する側はアメリカにおける有権者の政治的無知や推論の粗雑さを強調する（Lau and Redlawsk 2001；Achen and Bartels 2002, 2004, 2006, 2007, 2016；Bartels 2008a, 2008b）[8]。一方，楽観的な側は個人個人の有権者が政治的無知なことは認めつつも，それが集計される選挙にお

6　候補者の政党移動によって，同一候補者への投票が結果として政党間での票の移動として観測される場合も，とりあえずスウィング・ヴォーティングとして理解しておく。ただし本章の中心的な分析対象は基本的に自民党から民主党への票の移動であり，2009年総選挙時に自民党を離党して民主党から立候補した事例はないので，大きな問題は発生しない。また，前回投票していた有権者が棄権したり，棄権していた有権者が投票することも広い意味ではスウィング・ヴォーティングとみなせるが，データ上の制約もあるため本章では中心的な考察の対象とはしない。
7　この視点は「政治的資質の低い者の不参加は安定したシステムのために，かえって望ましい」というエリート民主主義的な議論（Berelson et al. 1954）と親和性が高い。蒲島（1988, 33-35）も参照されたい。
8　そもそも，政治知識を測定する設問がエリート主義的変更に基づいて設計されており，有権者の政治的能力を測定するように設計されていないという批判（Lupia 2006；2016）もある。

いては合理的な判断がなされていると主張したり(Page and Shapiro 1982)，ヒューリスティクス(heuristics)やインフォーメーション・ショートカット(information shortcut)といった理解の容易で簡単な情報によって合理的な選択が可能になっていることを強調する(Popkin 1991; Lupia 1994; Lupia and McCubbins 1998=2005; Hutchings 2003)[9]。

我が国の研究に目を転じれば，日本人の政治知識についてはここ数年徐々に蓄積が生まれてきているものの，それと政治的能力や政治的判断力との関連をめぐる研究や国際比較などは未だ十分に分析されておらず，今後の進展が期待される分野である[10]。ただ少なくともアメリカとは異なり，さらに巷間語られるものとは異なり，日本における投票行動研究は有権者の無知や無能を強調するものはほとんどない[11]。

以上のような研究動向および日本の民主制におけるアカウンタビリティ・メカニズムを検証する観点から，2009年の衆議院総選挙におけるスウィング・ヴォーティングを検討することの重要性は明白であろう。次の第4節では2009年総選挙を対象とするサーヴェイ・データでスウィング・ヴォーティングの存在を確認する。

4．JES IVデータに見られるスウィング・ヴォーティング

ここで用いるのはJES IVデータ(2009年選挙後調査)である。このデータを用いて作成した表1-3，1-4は2009年選挙後調査に基づいた2005年と2009年総選挙の小選挙区と比例区それぞれにおける投票行動のクロス集計表である。サーヴェイ・データであるので実際の絶対得票率とは数値が異なっている[12]。

---

9 このような悲観論と楽観論の対立構図については山田・飯田(2009)第6章および第11章を参照されたい。
10 先行研究としては池田(2002; 2004)，山田(2006)，今井(2008b)など。小林(2008, 第1章)は国際比較によって，日本人の政治関心が高いことと政治知識水準も低くないことを示している。
11 このこと自体非常に興味深いパズルである。なお菅原(2009, 46)の注1と注2も参照。
12 面接調査に基づく標本は当然母集団である日本人の有権者の縮図たるべくサ

表1-3　2005年と2009年総選挙小選挙区における投票行動（単位：％）

		2005年									2009年小計
		自民党	民主党	公明党	社民党	共産党	その他・無所属	棄権・白票・無効票	わからない・答えない・忘れた	選挙権がなかった	
二〇〇九年	自民党	17.6	7.7	1.0	0.2	0.9	0.2	2.7	3.1	0.5	33.8
	民主党	23.7	9.0	0.9	0.8	1.5	0.2	3.9	5.0	0.2	45.3
	公明党	0.5	0.2	0.0	0.0	0.1	0.1	0.1	0.1	0.1	1.1
	社民党	1.4	0.9	0.1	0.0	0.1	0.0	0.4	0.1	0.1	3.0
	共産党	1.5	0.5	0.1	0.1	0.0	0.4	0.0	0.1	0.1	2.8
	その他・無所属	2.0	1.0	0.1	0.0	0.1	0.0	0.5	0.5	0.1	4.3
	棄権・白票・無効票	3.5	1.2	0.2	0.1	0.3	0.1	0.5	0.8	0.1	6.7
	わからない・答えない	1.3	0.8	0.0	0.1	0.2	0.0	0.1	0.3	0.1	2.9
2005年小計		51.5	21.3	2.2	1.1	3.6	0.6	8.3	10.2	1.1	n=1684

　まず小選挙区での投票を示した表1-3を見よう。この表では2009年において民主党に投票したのは回答標本のうち45.3％である。このうち2005年も民主党に投票していたのは9.0％に過ぎず、23.7％は自民党に投票したと回答している。このとおりだとすると2009年の民主党票の半分以上が自民党からの流入であったことになる。ただ実際にはすでに自民党に迫る得票を

ンプリング・デザインが設計されているが、実際問題としては回答拒否などがあるために特定の社会階層において回答率が低いというバイアスがある。ことに顕著なのは年齢である。章末の付表1（43頁）は世代別・性別の有権者比率を、総務省のウェブ・サイトにある「住民基本台帳に基づく人口・人口動態及び世帯数」と2009年JES Ⅳ調査第3波のそれぞれを比べたものである。これを見てわかるとおり、JES Ⅳ第3波においては実際の母集団よりも20代、30代有権者が少ない比率でしか含まれていない一方、60代と70代は多めに含まれている。このような欠測を踏まえたウエイトの作成が求められることがあり、2001年から2005年にかけて収集されたJES Ⅲデータにはそれが加えられているが、JES Ⅳデータには本章執筆時点では加わっていない。よって本章においてはこのウエイトの問題は先送りし、素のデータを用いた分析結果を報告することとする。

表1-4　2005年と2009年総選挙比例区における投票行動（単位：％）

		2005年									2009年小計
		自民党	民主党	公明党	社民党	共産党	その他の政党	棄権・白票・無効票	わからない・忘れた・答えない	選挙権がなかった	
二〇〇九年	自民党	13.3	5.8	1.5	0.7	1.2	0.1	2.2	2.7	0.2	27.6
	民主党	21.7	9.2	2.0	1.0	1.4	0.2	3.9	4.8	0.7	44.9
	公明党	2.7	1.6	0.3	0.1	0.2	0.0	0.8	0.5	0.1	6.2
	社民党	1.3	0.8	0.2	0.0	0.1	0.0	0.4	0.8	0.0	3.6
	共産党	2.4	1.1	0.2	0.0	0.4	0.0	0.2	0.7	0.1	5.1
	その他の政党	2.3	0.7	0.1	0.1	0.2	0.0	0.1	0.5	0.0	3.9
	棄権・白票・無効票	3.3	1.2	0.3	0.2	0.3	0.0	0.5	0.7	0.1	6.6
	わからない・忘れた答えない	0.9	0.4	0.1	0.1	0.2	0.0	0.2	0.4	0.1	2.2
2005年小計		47.9	20.7	4.6	2.1	4.0	0.2	8.3	11.0	1.1	n=1684

獲得しており，これは現実からはかなり乖離した数値と見える[13]。現実にここまで極端な票の移動が自民党から民主党にあったのかはわからないが，一定数は存在したと思われる。

　表1-4は同様にJES IVデータで比例区における投票行動を確認したものである。ここでも表1-3と同様に2009年に民主党に投票したとの回答が44.9％もあるが，その内訳を見ると2005年に自民党に投票したものが21.7％で，民主党9.2％の倍以上の規模となっている。ここでも自民党から民主党へのスウィングは過大に現れている傾向が見られる。

　以上のようなデータ上の歪みはあるが，スウィング・ヴォーティングの存在の信憑性はサーヴェイ・データによっても支持されている[14]。このような

13　たとえば表1-3では2005年の小選挙区で自民党に投票したという回答が51.5％となっているが，これは表1-1で示された実際の絶対得票率31.6％に比して20％ポイントほど高い。このような乖離が生じるのは，ここで用いている情報が2009年に尋ねた2005年選挙での投票行動であるために，正確さに問題が生じているということであろう。

14　このような歪みの原因についてはいくつかの可能性が考えられる。1つには

スウィングが何ゆえに起きたのであろうか。次節ではスウィング・ヴォーティングの説明要因を理論的に検討し，仮説を設定する。

5．スウィング・ヴォーティングの説明要因

経済投票・業績評価・党首評価

　投票先をスウィッチするスウィング・ヴォーティングはなぜ起きるのだろうか。投票行動の変化を説明する際にもっともよく用いられるオーソドックスな議論は経済投票の理論である。しかしこの理論は実際の実証分析結果が不安定で，理論と矛盾する結果を生むこともあった。そのため国家間比較によって政党間の競争状況や政治制度などの影響を統制する形で，経済の影響を検出する方向に研究が進んでいる（遠藤2009；平野2007，第4章；Brug et al. 2007；Duch and Stevenson 2009；Nishizawa 2009）。

　内閣の業績や首相に対する評価の低下によって，政権党から野党へのスウィングを説明することも常套手段である。蒲島・今井（2001）は2000年総選挙における投票行動において党首評価が，特に比例区において顕著に影響力を持つことを示している。山田（2005）は2004年参院選における投票行動における自民党からの離反行動を，首相や内閣に対する評価によって説明した。小林（2009）は2009年衆院選における民主党圧勝の原因を，麻生内閣に対する低い業績評価を伴う懲罰的な投票行動（punishment voting）と主張している。

　経済投票であれ，あるいは経済以外の要因を含んだ業績評価投票（retrospective voting）であれ，与党から離反して野党への投票がなされるためには，有権者にとってはある程度頼りになると思われる野党の存在が前提となるであろう。1955年から続いた日本における自民党一党優位体制を想起すると，自民党以外の政党に対する政権担当能力評価が低かったがゆえに，不況時にかえって自民党への投票が増えるという通常の経済投票理論とは逆方向

調査への回答者が偏っていた可能性（欠測バイアス）である。2つ目の可能性としては調査そのものには協力しているが，記憶があいまいであったか，調査に対してラフに答えたためにその時に勝利した政党への投票を過大に申告している場合である。これらの可能性については十分に検討しきれなかったため，以後の分析ではデータをそのまま用いる。

の「自民党頑張れ仮説」(薬師寺1987, 45-8)がもっともらしい説明と映った[15]。この点でJES Ⅲデータの分析から，民主党が「政権交代可能な政党としてのスキーマを確立しているように思える」と池田(2007, 98)が指摘していることは非常に興味深い。

一方でこのような有権者による業績評価の妥当性に対して疑義を向ける研究もある。Achen and Bartels (2002)は政府の責任とは言い難い災厄を受けて，有権者が現在の政府に対して批判的な投票行動をとると主張している。またBrown (2010)は業績評価における党派性の影響を分析している。

失望と期待，合意政治モデル(valence model)

飯田(2009)は選挙結果に対する旧来の説明を「その時々の状況や争点に合わせて，さまざまな異なる説明が提出されるのみで，それらの選挙を説明する一般的かつ一貫した理論はいまだ提示されていない」と批判する。この批判に基づいて飯田(2009)は，より一般的な説明のスタイルとして与党への失望と野党への期待を操作化した「政権交代スコア」を提示し，これを独立変数として2009年総選挙における与野党逆転を演出した投票行動を説明している。この説明様式は野党への期待を変数に組み込むことで「受け皿」の有無を説明に含むことに成功している。ただし，政権交代スコアそのものがいかなる要因で変化したのかについては，また別の説明が必要となる。

飯田の説明様式と親近性の高い理論はイギリスにおける投票行動研究にも見受けられる。Clarke et al. (2009)が提起している「合意政治モデル(valence model)」では，対立する政党間の政策距離は顧慮されず，投票者の大多数が政府がなすべき政策やサービスについて合意している一方，その合意された政策目標を達成する最善の政党がいずれであるかについての合意が存在しない状態が想定されている。そこにおいて有権者は，彼らにとって最も望ましい政策結果をもたらしてくれそうな政党に投票することになる。彼らは合意争点における野党の政策実現能力(performance capabilities)を推定し，それを現状と比較したうえで投票先を選ぶ。このモデルにおいては，現状に不満で

---

15 ただし薬師寺(1987)においては野党に対する政権担当能力評価の低さには言及がなく，むしろ経済情報に対する認知の遅れをこの仮説の根拠としている。またこの仮説自体，十分な検証に付されているわけでもない。

かつそれを改善する期待が野党に持てない場合，有権者は棄権するものと想定される。Clarke et al. (2009)は1997年から2005年の*British Election Study*(*BES*と略称される)によって得られたデータを分析し，この「合意政治モデル」がエスニシティ，ジェンダー，階級といった社会的要因による説明や，空間投票モデルよりも強力な説明力を持つことを示した。

説得可能な有権者(persuadable voter)

　以上のような議論で想定されている有権者は，新しい情報を取り込んで自らの信念を更新していくタイプの有権者である。当然，政治に対して完全な無関心ではないだろうし，また特定の政党に対して無条件に忠実なわけでもないであろう。政党や政治家側からすれば，このような有権者こそキャンペーンなどを通じた説得によって支持獲得を試みるべき対象ということになる[16]。

　ただし有権者がどの程度キャンペーンによって操作可能なのかについては，仔細な検証が必要だろう。そもそもLupia and McCubbins (1998=2005)において述べられている説得が成立するための条件を敷衍すれば，有権者が政党や政治家に説得されるためには，政党や政治家が自分たちと利害を共有しているという信憑と，政党や政治家にその利益を実現するための能力が備わっているという認知が，有権者に共に備わっていなければならない[17]。よってここでも野党の政策実現能力に対する有権者の認知や，有権者による野党の「政権担当能力評価」が重要ということになろう。

　これらの議論を踏まえたうえで，本章では以下の2つの仮説を設定し，検討したい。

16　Hillygus and Sheilds (2008)は大統領選挙でのキャンペーンにおいて，相手の支持者内で意見が異なっている問題を争点化する「楔(くさび)争点(wedge issues)」戦略の重要性を強調している。

17　その意味で「楔争点」は敵対陣営の利益条件を満たせなくするための手段である。政党にとって自分たちの潜在的支持者集団における利益条件の充足をアピールするより，競争相手の潜在的集団に楔を打ち込むほうが戦術として容易なのかもしれない。

【仮説1：失望－期待と政権担当能力仮説】
　　　　2005年衆院選において小泉自民党に投票しながら，2009年では民主党に投票したスウィング・ヴォーターは，麻生内閣の実績に対する低評価，麻生内閣に対して低い期待と同時に民主党に対して政権担当能力を認めた有権者であるだろう。
【仮説2：知識と関心仮説】
　　　　2005年衆院選において小泉自民党に投票しながら，2009年では民主党に投票したスウィング・ヴォーターは，政治知識や政治関心などにおいて，恒常的に特定の政党に投票する忠実な投票者に勝るとも劣らない。

　仮説1は，スウィング・ヴォーティングは現政権への失望と代替の選択肢である野党に対する政権担当能力評価によってもたらされるという理論（飯田理論および合意政治モデル）を検証するための仮説である。これが支持されれば，その時々の争点や政治リーダー評価と言ったある種アドホックな要因に還元することなくスウィング・ヴォーティングを説明できることになる。

　仮説2はスウィング・ヴォーティングそのものを説明するものではなく，その種の行動がAchen and Bartels（2002）が述べるような無思慮なものであるか否かを探るための1つの試みである。仮説2が真であれば，2009年総選挙において働いたアカウンタビリティ・メカニズムを担保していたのは，少なくとも日本人有権者の中で相対的にいえば政治的に無知な層ではなかったということになる。もちろんこのことによって即日本におけるスウィング・ヴォーターの業績評価能力が絶対的な意味で高いとか低いとかいうことはできない。相対的に高い知識レベルの有権者でさえ闇雲な業績評価（blind retrospection）を行っているのだとしたら，他は推して知るべしということにもなりうる。ただ「小泉自民党を2005年総選挙において大勝させたのとほぼ同じ有権者が，2009年に麻生自民党を大敗させ，鳩山民主党を大勝させた」（田中ほか2009, 11）のであるならば，この層が政治的に無知であるというのは，今回の政権交代も日本の民主主義体制の深化にとって素直に歓迎できる結果ではないということにはなる。

6．仮説の操作化と利用するデータ

上記仮説の1と2を検証するために，JES Ⅳデータの2009年衆院選前後調査から以下にあげる変数群を用いる。なおそれぞれの変数についての具体的な質問文は本章末尾の付録に掲載する。

【仮説1：失望－期待と政権担当能力仮説】

被説明変数

＊自民党から民主党へのスウィング・ヴォーティング＝1，自民党への継続投票＝0とするダミー変数(選挙後調査Q1SQ2が小選挙区，同じくQ1SQ7が比例区)。小選挙区については，2005年と2009年のいずれかにおいて自民党と民主党それぞれの公認候補同士の選挙戦が実現していない選挙区からの回答を除外した[18]。比例区については特にそのような措置はしていない。

説明変数

＊<u>麻生内閣の実績に対する全般的な評価</u>(選挙前調査Q9(5))：「かなりよい」を1，「かなり悪い」を5とする5点尺度。数値が高いほど悪評価であり，スウィングの確率が高くなる(正の係数)と予測される。

＊<u>麻生内閣への全般的な期待度</u>(同Q42(5))：「かなり期待できる」を1，「ほとんど期待できない」を5とする5点尺度。つまり数値が多いほど期待度が低く，スウィングの確率が高くなる(正の係数)と予測される[19]。

＊<u>民主党の政権担当能力評価ダミー変数</u>(同Q18の2)：「政権担当能力あり」＝1，「なし＝0。これも正の係数が予測される。

統制変数

＊<u>麻生内閣の実績評価と民主党の政権担当能力評価の交互作用項</u>：これが有意な正の係数を示せば，これら2変数が重なることで単独効果の総

18　除外した40小選挙区については付表2(43頁)を参照されたい。
19　なお，内閣の実績評価と期待の相関があまり高いと共線性の問題が起こりうるが，実際に両者の相関を取ると0.6程度であり問題はない。

和以上の効果があることになる。逆に有意な負の係数を示せば，これら2変数の単独効果の総和から実際の効果は割り引かれることになる。
＊<u>麻生内閣への全般的な期待度と民主党の政権担当能力評価の交互作用項</u>：係数の解釈は上記と同様となる。
＊<u>民主－自民感情温度差</u>：－100～100℃の201点尺度（同Q8の(7)(8)）：係数は正を予測する[20]。すなわち民主党を自民党よりも好ましく思うほど，自民党から民主党に寝返るだろうと予測する。
＊<u>民主党政権志向</u>：選挙後の望ましい政権形態（同Q30）を以下のように再コードした。
　1　自民党単独政権
　2　民主党を除いた，自民党と他の政党の連立政権
　3　自民党と民主党を含めた連立政権
　4　自民党を除いた，民主党と他の政党の連立政権
　5　民主党単独政権
すなわち民主党中心の政権への志向が強いほど（この変数の値が大きいほど），自民党から民主党へとスウィングしているはずである。
　以上の変数はダミー変数と感情温度差を除いていずれも順序尺度変数であるが，実際の分析においては扱いの簡略化のため間隔尺度変数として投入する。その分モデルとしては粗雑になるが，単純さを優先させた[21]。

【仮説2：知識と関心仮説】
　JES Ⅳ調査では2009年において政治知識調査のために2種類の設問を用意している。選挙前調査では回答者に対して知っている省庁をすべて列挙してもらう形式のものを採用している（Q45）。これはJES Ⅲ調査においても採用されており，時系列比較に適している。もう1種類は選挙後調査において尋ねたもので，今井（2008a）で提案されているフォーマットに準拠してい

20　同様の指標は党首に対する感情温度計でも作れる。実際，作って分析に投入したが，特に独自効果を持たなかったので，本章の分析には含めなかった。
21　これらの順序尺度について最頻値を基準カテゴリーとするダミー変数を作成して投入した推定を確認のために別に行ってみた。その結果は，本書で紹介するものと大差なかった。

る[22]。本章では前者について「わからない」「答えない」を0点としてカウントし，0点から14点までの15点尺度として用いる。第2の政治知識変数は選挙後調査のQ45～Q49における正答を各1点とし，累計した数値を用いた。この結果0点から11点までの12点尺度が生成される。この2変数間の相関係数は0.371である。政治関心変数としては選挙前調査Q32によって得られる4点尺度を用いる。

これら2つの仮説を次節において検証する。

7．仮説の検証

仮説1：失望－期待と政権担当能力仮説

仮説1を検証するために，2005年及び2009年衆院選比例区および小選挙区における自民党から民主党へのスウイング・ヴォーティングを1，自民党への継続投票を0とするダミー変数を被説明変数としてロジスティック回帰分析を行った。直感的には，そして蒲島・今井(2001)の知見からも，比例区の方が小選挙区よりもより全国的要因(党首評価，政権評価など)に対して敏感に反応すると予想される。

分析の結果を表1-5にまとめた。比例区，小選挙区の分析のいずれも的中率は高く，さらに疑似決定係数の値も0.5を超えるなど，単純かつ粗雑なモデルの割にはあてはまりがよい。

まず選挙区要因の希薄な比例区の結果からみていく。麻生内閣の実績に対する評価および，それと民主党政権担当能力との交互作用項(交互作用項1)以外は5％水準で統計的に有意な係数を示している。麻生内閣への全般的期待度は，先に述べたように値が大きくなるほど期待度が低くなる。これが有意な正の回帰係数を持っているので，期待が下がるほど，自民党から民主党に票が流れていったことがわかる。

民主党の政権担当能力評価も有意な正の係数を示しており，このことから民主党に政権担当能力を認める人は自民党から民主党へと投票先をスイッチ

---

[22] 今井(2008a)は政治知識には「統治の仕組み」「政党政治の動向」「政治リーダー」といった3種類の下位次元があることと，それに即した質問形式の採用を主張している。

表1-5　2005年から2009年衆院選における自民党から民主党への
スウィング・ヴォーティングを従属変数とするロジスティック回帰分析の結果

説明変数	比例区 回帰係数	標準誤差	有意確率	Exp(B)	小選挙区 回帰係数	標準誤差	有意確率	Exp(B)
麻生内閣の実績評価	-.392	.264	.137	.675	-.481	.283	.089	.618
麻生内閣への全般的な期待度	.898	.314	.004	2.455	.941	.326	.004	2.562
民主党の政権担当能力評価	3.877	1.417	.006	48.273	3.797	1.529	.013	44.551
交互作用項1：麻生内閣の実績評価×民主党政権担当能力	.085	.355	.810	1.089	-.992	.409	.015	.371
交互作用項2：麻生内閣への全般的期待度×民主党政権担当能力	-.745	.325	.022	.475	.298	.387	.442	1.347
感情温度差(民主－自民)	.073	.009	.000	1.076	.081	.011	.000	1.084
民主党政権志向	.542	.134	.000	1.720	.479	.149	.001	1.614
定数	-4.452	1.205	.000	.012	-4.070	1.292	.002	.017
n	554				476			
-2LL	373.053				316.113			
疑似決定係数	0.505				0.512			
AIC	0.702				0.700			
的中率	85.2%				85.3%			

する傾向があるとわかる。ただし麻生内閣への期待度と民主党の政権担当能力との交互作用項（交互作用項2）は有意な負の係数を示していることから，この2つの変数が重なった時の効果は，2変数の効果の総和からある程度割り引かれたものであるということになる。

　民主党の感情温度から自民党の感情温度を引いた値が有意な正の係数を示していることから，相対的に民主党に好意的であればある程，自民党から民主党へと流れていることがわかる。民主党政権志向も有意な正の係数を示しているので，民主党政権志向が強いほど自民党から民主党にスウィングしていることになる。

　以上の結果から比例区について言うと，内閣実績評価は統計的に有意な効果を持たなかったが，麻生内閣への期待度が低いほど，そして民主党の政権担当能力を認める人ほど，自民党から民主党に投票先を変えたことがわかる。よって【仮説1：失望－期待と政権担当能力仮説】は麻生内閣の実績評価に関する部分を除いて検証されたことになる。

小選挙区についても係数の大きさを含めてほぼ同様の結果である。大きな違いは麻生内閣の実績評価の有意確率が5％水準に近づいたことと，比例区では有意でなかった交互作用項1（麻生内閣の実績評価と民主党の政権担当能力の交互作用）が有意な負の係数を持ち，交互作用項2の係数が有意でなくなっていることである。交互作用項の係数は負であることから，麻生内閣の実績評価と民主党の政権担当能力評価の2変数の効果は，それぞれの効果の総和からいくらか割り引かれるということになる。この点は比例区における交互作用項2とほぼ同様である。

以上，小選挙区におけるスウィングの分析結果を仮説1に即してまとめると，(1)麻生内閣の実績評価は単独での効果はなく，民主党の政権担当能力評価との交互作用項としては負の効果をもっていること，(2)麻生内閣への全般的な期待度と，民主党の政権担当能力評価についてはそれぞれ有意な効果を持っており，期待が低いほど，民主党の政権担当能力を評価するほど，自民党から民主党にスウィングする傾向がみられている。ここにおいても比例区における分析と同様に，仮説1は麻生内閣実績評価以外については検証されたと言える。

これまでの分析から麻生内閣に対する期待が低いほど，民主党の政権担当能力を評価しているほど，民主党と自民党との感情温度の差が大きいほど，民主党中心の政権に対する志向が強いほど，自民党から民主党へのスウィング・ヴォーティングの確率が高まる傾向の存在が明らかとなった。これらの要因は，民主党の自民党に対する相対的な好感度である感情温度差や，民主党中心の政権への志向性という要因をコントロールしてもなお独自の効果を示したのである。

なお図1-2はJES ⅢデータとJES Ⅳデータによる政権担当能力評価の調査結果を，自民党と民主党についてのみ，まとめたものである[23]。2007年参院選後から民主党に政権担当能力を認める回答が50％を超えていることがわかる。2007年参院選における勝利は政権奪取において重要であったと推測される。さらに2009年衆院選前調査において自民党と民主党の差はわずかに6.7ポイントとなっている。この図から政権担当能力を評価されることこ

23　JES ⅢデータはSSJデータアーカイヴ（http://ssjda.iss.u-tokyo.ac.jp/）より入手した。データ公開に尽力されたすべての方々に感謝する。

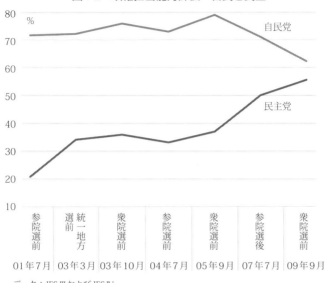

図1-2　政権担当能力評価：自民と民主

データ：JES ⅢおよびJES Ⅳ

そが，政権交代の実現において重要であったことがうかがえるのである。

　また表1-6は2009年衆院選前に回答者が望んでいた政権形態の分布である。一番左側の列は全体の分布を示している。「自民単独」「非民主・自民中心連立」「自民・民主連立」をあわせて約55％が自民党の政権参加を望んでいるが，「自民・民主連立」「非自民・民主中心連立」「民主単独」をあわせた民主党の政権参加を望んでいる層はさらに多く，8割に近いことがわかる。

　比例区で自民党への投票を継続した層（表1-6における「比例区　自→自」）のうち約9割の人々は，自民党が引き続き政権の座に就くことを望ましいと考えている。その中で最も多いのは自民党と民主党の連立政権を希望する層で，自民党への投票を継続した層においてさえ，民主党に期待する層が43％と少なからずいることがわかる。逆に民主党を排除した政権形態を望んでいるのは45％である。

　これに対し，自民党を離れ民主党に投票した層においては，自民党を排除した政権を望む層（「非自民・民主中心連立」「民主単独」）が55％を超えており，自民党政権への失望が深かったことがうかがわれる。ただ一方で民主党

表1-6 望ましい政権形態とスウィング・ヴォーティング（単位：%）

望ましい政権形態	全体	比例区 自→自	比例区 自→民	小選挙区 自→自	小選挙区 自→民
自民単独	9.1	24.5	3.1	20.3	2.4
非民主・自民中心連立	11.0	24.1	5.1	26.5	3.9
自民・民主連立	35.4	43.0	36.2	42.6	37.8
非自民・民主中心連立	26.5	4.6	25.6	3.8	28.3
民主単独	17.2	3.7	29.9	6.5	26.4
その他	0.8	0.0	0.0	0.3	1.2
小計	100.0	100.0	100.0	100.0	100.0
n	1632	323	254	340	254

にスウィングした有権者も45％近くが自民党の政権参加の継続を望んでいる（「自民単独」「非民主・自民中心連立」「自民・民主連立」）ことがわかる。このスウィング・ヴォーター層において6つの政権形態のうち最も望まれる割合が高いのは自民党と民主党の連立政権を望むグループである（約36％）。このような比例区に見られる傾向は小選挙区のそれと大差はなく，民主党が政権に参加することへの期待が比例区と小選挙区の双方において，スウィング・ヴォーティングの大きな原動力となっていることがうかがえる。

仮説2：知識と関心仮説

　政治知識と政治関心にかかわる仮説2（「2005年衆院選において小泉自民党に投票しながら，2009年では民主党に投票したスウィング・ヴォーターは，政治知識や政治関心などにおいて，恒常的に特定の政党に投票する忠実な投票者に勝るとも劣らない」）の検証は2種類の集団比較によって行う。第1の比較はスウィング・ヴォーター集団と2005年，2009年共に自民党に投票した集団との比較である。第2の比較はスウィング・ヴォーター集団と2005年，2009年共に民主党に投票した集団との比較である。自民党，および民主党に投票を継続した集団をそれぞれ選んだのは，それ以外の政党投票者が標本において絶対数として小さいというのが大きな理由である。
　表1-7はスウィング・ヴォーターの政治知識についての分析結果である。上半分が選挙前調査での変数を用いた分析結果を示し，下半分は選挙後調査における変数の分析結果を示している。左半分は比例区，右半分は小選挙区

における投票行動ごとの政治知識変数の諸指標（平均値，標準偏差など）を示している。t値と有意確率は，スウィング・ヴォーター（表中では「自→民」と表している）との比較から得られたものである。

選挙前調査の政治知識変数は先述したように14省庁の名前を回答者に列挙してもらう形式となっている。比例区については全体の平均値が3.69，標準偏差が3.24である。標本に含まれている279名のスウィング・ヴォーターの平均値は全体よりもわずかに低い3.51（標準偏差3.09）であるから，スウィング・ヴォーターの知識水準はさほど高いとは言えないことになる。この傾向は選挙後調査においても現れており，全体平均3.51（標準偏差2.45）に対してスウィング・ヴォーターの平均値は3.30である。自民党への投票を継続した層と平均値を比較すると，スウィング・ヴォーターの方がやや低いが，これはt検定によると5％水準では有意でない。表の右側にある小選挙区においては先述の理由による除外などがあるのでnの値は異なるが，傾向的には同様である。

表1-7において現れる顕著な傾向は，2005年，2009年とも民主党に投票した層「民→民」の高い政治知識水準で，スウィング・ヴォーターとの間に明確な差がある。表中では示していないがこれは自民党への投票を継続した

表1-7 スウィング・ヴォーティングと政治知識

		比例区				小選挙区			
		全体	自→民	自→自	民→民	全体	自→民	自→自	民→民
選挙前調査	平均値	3.69	3.51	3.96	**4.67**	3.73	3.55	3.85	**4.72**
	標準偏差	3.24	3.09	3.64	3.12	3.24	2.91	3.46	3.10
	t値			1.680	4.365			1.202	4.576
	有意確率(両側)			0.094	0.000			0.230	0.000
	n	1858	279	361	269	1620	272	374	279
選挙後調査	平均値	3.51	3.30	3.46	**4.53**	3.52	3.34	3.57	**4.42**
	標準偏差	2.45	2.29	2.41	2.40	2.45	2.29	2.44	2.31
	t値			0.845	6.123			1.217	5.499
	有意確率(両側)			0.398	0.000			0.224	0.000
	n	1684	279	361	269	1466	272	374	279

t値と有意確率はスウィング・ヴォーター（「自→民」）との比較から算出．
ゴシック体はスウィング・ヴォーター（自→民）との平均値の差が0.1％水準で統計的に有意であることを示す．

「自→自」層と比べても同様であり，「民→民」層の政治知識水準の高さは際立っている。そしてこの傾向は比例区，小選挙区の双方で共通しているのみならず，選挙後調査における政治知識変数においても同様である。

我々の関心の中心であるスウィング・ヴォーター（表1-7においては「自→民」）については，政治知識水準は平均とほとんど変わらず，自民党投票継続層とも顕著な差はないが，全般的にやや劣る傾向が見られる。政治知識水準を政治的洗練性の尺度とみなすならば，2009年に自民党から民主党に鞍替えしたスウィング・ヴォーターの行動は，政治的洗練度の高さゆえではないということになる。また標準偏差においても各集団間に大きな差はないが，一貫して「自→民」層が相対的に小さな標準偏差を示している。

次に政治関心に焦点を当てた分析結果（図1-3）を見れば，スウィング・ヴォーター（図中「自→民」）は比例区と小選挙区の双方において「自→自」「民→民」よりも関心が低い傾向が現れている。このうち「自→自」とはt検定，χ（カイ）自乗検定のいずれとも有意差が表れないが，「民→民」とは明確に差がついている。2009年のスウィング・ヴォーター層において普段はあまり政治に関心を払わない傾向が相対的に多いことは，2009年衆院選における高い投票率と考え合わせると，この部分に投票先を変えやすい有権者が相対的に多く含まれていることを示唆している。

以上，政治知識と政治関心についての分析結果からいえることはスウイン

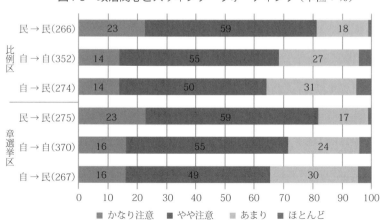

図1-3　政治関心とスゥィング・ヴォーティング（単位：％）

グ・ヴォーターの政治知識水準や政治に対する関心度は突出したものでは全くなく，むしろ全体よりやや低めに出ているということである。ゆえに仮説2の「恒常的に特定の政党に投票する忠実な投票者に勝るとも劣らない」という命題は受け入れがたい。忠実な投票者より明確に劣るとは言えないが，優ってもいないのである。

8．まとめと含意

　これまでの仮説検証の結果を総括しよう。仮説1については事前の予測がおおむね支持された。すなわちスウイング・ヴォーティングにおいては既存の政権に対する失望と別の選択肢に対する期待，そしてそれを支える政権担当能力評価が政権交代において大きく働いていた。この分析において用いられたモデルは，争点投票モデルに比べて大きな認知負荷を投票者に求めない。詳細な政策位置に関する情報を有権者が持たなくても，政権交代への強い志向と，政権担当能力があると評価される対抗政党があれば，有権者は対抗政党に投票することができる。実際，本章の分析結果によればスウイング・ヴォーターは今ある内閣への失望，野党である民主党に対する政権担当能力評価，自民党に対する民主党の相対的好意度，民主党中心の政権に対する志向の強さによって，自民党から離反し民主党に投票している。このような行動が2009年衆院選において政権交代をもたらしたといってよいだろう。

　仮説2を検証する過程で明らかになったことは，スウイング・ヴォーターたちが決して相対的に高い政治関心や知識の持ち主でないということである。スウイング・ヴォーティングにおける感情温度差の説明力を考慮すれば，そこに冷静な市民の熟慮のみを見るわけにはいかない。ただ，現状においてスウイング・ヴォーターたちが政治知識と政治関心において深刻に劣るということも言えない。彼らは民主党への投票を継続した層に比べると知識も関心も有意に低かったが，自民党への投票を継続した層に比べて政治知識の面では大きく変わらない。

　ただし，政治関心についての分析が示唆するように，スウイング・ヴォーターの中には3割程度，政治に普段関心を払わない層が含まれている。2005年，2009年衆院選における高い投票率はこのような層が投票したか

らであろう。恒常的な投票者のほかにこのような層が加わらなければ，投票率の上昇が見込めないのも事実である。彼らは選挙に意義や重要性を見出さなければ棄権に回るだろう。この層がいかなる理由で投票するのか，どのような判断基準で投票先を選ぶのかについてはより詳細な分析が必要だろう。

　最後に，残った課題を整理して本章を閉じる。

　第1に，スウィング・ヴォーターの情報環境を調査・分析する必要がある。彼らがスウィングを行う際に依存する情報源を明らかにすることによって，スウィングの震源地に迫れる可能性があるだろう。スウィング・ヴォーターが説得可能な有権者であるならば，その説得がどのような情報チャネルで生起したのかを追究することは重要である。ことに政治知識や関心の低い層がどのような情報源に依拠して判断を行っているのかを明らかにすることは，ポピュリズム論や政治的情報環境論の観点からも必要な作業だろう。これが次章での課題となる。

　第2に，本章で用いた政治知識変数がそのまま有権者の政治的判断力を反映しているのかどうかというLupia（2006）が提起した問題が手つかずで残っている[24]。すなわち選挙時に適切な政党を選択し投票するために必要な有権者の能力を，何によって測定すればよいのかは未だオープンな課題である。

　第3にそもそも今回のスウイングが果たして闇雲な業績評価(Achen and Bartels, 2002)によるものなのかどうかについては，分析が不十分である。業績評価の質を問うためには内閣評価や民主党政権への志向が何によって規定されているのかを検証する必要がある。内閣評価の規定要因の中に本来であれば政府や政権党，政治家に帰責すべきでないものが含まれているのであれば，それは闇雲な業績評価というべきかもしれない。ただし少なくとも池田(2007)，平野(2007)，小林(2008)といった業績評価に関する先行研究を見る限り，それらを一概に闇雲なものと断じることも難しいようにも思われる。

　第4に上記と関連して，有権者の政治知識と政治的判断力について国際比較研究を行うことが望ましい。有権者の判断力に対するペシミスティックな

24　Lupia（2016）は，特定の政治知識を思い出させる回答からつくりだした変数に「政治知識変数」という言葉を使うこと自体を批判している。

見解がアメリカに特有の問題であるのか，他国においても同様の問題があるのかを明らかにする必要があろう。また国家間で知識水準や判断力に格差がある場合，その原因を探求しなければならない。ただし国際比較にふさわしい質問文の設計は難事業である。

付表1　世代別有権者比率（単位：%）

年代	住民基本台帳(全数) 男	女	計	JES IV第3波 男	女	計	比率(全数／JES IV) 男	女	計
20代	7.1	6.8	13.9	2.1	2.9	4.9	3.42	2.38	2.82
30代	9.2	8.8	17.9	5.2	5.8	11.0	1.75	1.51	1.62
40代	7.9	7.7	15.6	6.4	8.0	14.4	1.23	0.96	1.08
50代	8.3	8.3	16.6	8.4	11.4	19.8	0.98	0.73	0.84
60代	8.1	8.6	16.7	12.6	13.7	26.3	0.64	0.63	0.63
70代	5.4	6.7	12.1	8.6	9.3	17.8	0.63	0.72	0.68
80代以上	2.4	4.9	7.3	2.7	3.0	5.6	0.90	1.64	1.29
計	48.3	51.7	100.0	46.0	54.0	100.0	1.05	0.96	1.00

付表2　自・民対立の有無

小選挙区	2005	2009	小選挙区	2005	2009
青森1	○	×	大阪16	×	×
宮城6	×	×	兵庫2	×	×
秋田2	○	×	兵庫8	×	×
山形3	×	×	兵庫9	○	×
群馬5	○	×	島根2	○	×
埼玉11	○	×	広島6	×	×
東京8	○	×	香川3	×	×
東京11	○	×	愛媛2	○	×
東京12	×	×	福岡11	○	×
東京25	○	×	佐賀3	×	×
神奈川6	×	○	熊本4	○	×
新潟3	×	○	熊本5	○	×
新潟5	×	○	大分2	×	×
富山2	○	×	宮崎1	×	×
富山3	○	×	宮崎3	○	×
大阪3	×	×	鹿児島2	×	○
大阪5	×	×	鹿児島3	○	×
大阪6	×	×	鹿児島5	×	○
大阪11	○	×	沖縄1	×	×
大阪13	○	×	沖縄2	×	×

○→自・民対立　×→否

<付録　本章の分析に使用した変数の質問文>

麻生内閣の実績全般に対する評価(選挙前調査Q9(5))
では，全体としての麻生内閣の実績についてはいかがですか。(回答は1つ)
　　1　かなり良い
　　2　やや良い
　　3　どちらともいえない
　　4　やや悪い
　　5　かなり悪い

麻生内閣への全般的期待度(選挙前調査Q42(5))
では，全体として麻生内閣に今後どの程度期待できると思われますか。(回答は1つ)
　　1　かなり期待できる
　　2　やや期待できる
　　3　どちらともいえない
　　4　あまり期待できない
　　5　ほとんど期待できない

民主党の政権担当能力評価ダミー変数(選挙前調査Q18の2)
あなたは，どの政党が政権を担当する能力があると思いますか。この中から政権担当能力があると思う政党をすべてあげてください。(複数回答)
　　1　自民党　　　5　共産党　　　9　そのような政党はない
　　2　民主党　　　6　国民新党　　10　わからない
　　3　公明党　　　7　×　　　　　11　答えない
　　4　社民党　　　8　その他の政党（　　　　　　　）

政治知識変数①：知っている省庁数(選挙前調査Q45)
Q45．あなたがご存じの国の省庁名をいくつでもあげてください。

政治知識変数②：(選挙後調査Q45～Q49)
Q45．日本国憲法において，戦争放棄条項を含むのは第何条だと思いますか。(回答は1つ)
　　1　第1条　　　2　第5条　　　3　第9条　　　4　第17条
　　5　わからない　　6　答えない

Q46．今年から裁判員制度が導入されましたが，1回の公判において何名の判事と裁判員が参加するでしょうか。(回答は1つ)
　　1　判事1名　裁判員4名　　2　判事2名　裁判員5名
　　3　判事3名　裁判員4名　　4　判事3名　裁判員6名　　5　わからない
　　6　答えない

Q47. １つの法律案について衆議院と参議院で議決の結果が異なる場合，衆議院がもう１度改めて同じ議決をすれば，それをもって法律案は法律となります。その際に必要な多数は以下のうち，どれだと思いますか。（回答は１つ）
　　１　出席議員の過半数　　　２　全議員の過半数　　　３　出席議員の３分の２
　　４　全議員の３分の２　　　５　わからない　　　６　答えない

Q48. ここにあげるのは，今回の選挙で各政党が掲げたキャッチフレーズです。どの政党のキャッチフレーズかご存知ですか。その政党名をお答えください。（回答は１つ）
　（1）「日本を守る，責任力　　　　　」
　（2）「国民の生活が第一」
　（3）「生活を守り抜く　　　　　　」
　（4）「いのちを大切にする政治　　　　」
　（5）「「国民が主人公」の新しい日本を　　　」

Q49. ここにあげる人物が，どのような公職についているかご存知ですか。
ご存知の場合，その職名をお答えください。
（回答をそのまま記入した上で，調査員が正解，不正解を○×でチェックする）
　（1）江田五月　　　　　　　　　（　　）
　（2）ヒラリー・クリントン　　　（　　）
　（3）ウラジミール・プーチン　　（　　）

政治関心変数：４点尺度（選挙前調査Q32）
Q32. 選挙のある，なしに関わらず，いつも政治に関心を持っている人もいますし，そんなに関心を持たない人もいます。あなたは政治上のできごとに，どれくらい注意を払っていますか。この中ではどれにあたりますか。（回答は１つ）
　（1）かなり注意を払っている
　（2）やや注意を払っている
　（3）あまり注意を払っていない
　（4）ほとんど注意を払っていない

第2章
スゥイングしたのは誰か[1]

1．はじめに

　前章において分析したように，2009年衆院選における民主党の大勝と政権交代においては，投票先を自民党から民主党に変更した有権者(スゥイング・ヴォーター)の役割が大きかったと考えられる。彼らスゥイング・ヴォーターは自民党政権に対する失望に加え，民主党政権に対する期待や政権担当能力評価に基づいて自民党から離反し，民主党に投票したと考えられる。

　本章の目的は前章をうけて，彼らスゥイング・ヴォーターの実像に迫ることである。第2節では彼らの社会経済的属性に注目する。彼らには顕著な社会経済的特徴があるのであろうか。また前章の分析はスゥイング・ヴォーターの政治知識や関心が相対的には高いわけではないことを示した。では彼らは政治についての情報をどこからどのように得ているのか。これについては第3節で分析する。第4節ではスゥイング・ヴォーターの投票選択基準について，第5節ではスゥイング・ヴォーターの政策志向について検討する。

1　本章は山田(2009; 2010)を改稿したものである。

2. スゥイングしたのはだれか：
スゥイング・ヴォーターの社会経済的属性

　2009年総選挙におけるスゥイングは小選挙区と比例区のそれぞれにおいて存在するが，小選挙区における投票行動は選挙協力の状況や少数政党からの立候補状況など，選挙区単位で統制されるべき条件を多く含む。これに対して比例区では多くの主要政党が名簿を提出して選挙戦に臨んでいるためこの種の問題が小さい。よって本章では主に比例区におけるスゥイングを取り上げて分析することとする[2]。

　社会経済的変数としては本人の職業，居住年数，転居経験，性別，教育程度，住居形態，世帯年収，年齢別，回答者居住地の都市規模などを取り上げた (図2-1, 2-2, 2-3, 2-4)。これらの変数とスゥイングの有無についてクロス集計表分析を行ったところ，χ自乗検定において5％水準で有意だったのは，転居経験(ある方がより多くスゥイング・ヴォーターを含む)，居住年数(短い方がより多くスゥイング・ヴォーターを含む)である。土着性の強さは自民党に対する忠実さと関連しているようである。また年齢の平均値について t 検定を行ったところ，スゥイング・ヴォーターの方がやや若い傾向が現れた[3]。ただし，前章で述べたようにこのデータは若年層が過少に代表されている傾向があるので，実態としてはより大きな差であるかもしれない[4]。

　それ以外の変数は5％水準の有意差を示さなかった。ただし都市規模については，一般にこの種のサーヴェイ調査においては都市部が過小に代表される傾向があるので，それがウェイトにより矯正された場合，有意差が現れてくるかもしれない (図2-5)。

---

[2] なお小選挙区，比例区のいずれかでスゥイングしていながら他方でしていないといった事例は12％弱(59/504)である。小選挙区でのスゥイングと比例区のスゥイングについてクロス集計表分析を行うとファイ係数，相関係数ともに0.763であった。

[3] 有意確率は3.3％で，自民党への投票を継続した層の平均年齢が61.55歳，スゥイング・ヴォーターの平均年齢が59.14歳である。

[4] 第1章注13本書27頁ならびに第1章付表1本書43頁を参照されたい。

第2章　スゥイングしたのは誰か　49

図2-1　スゥイングしたのは誰か(1)（単位：％）

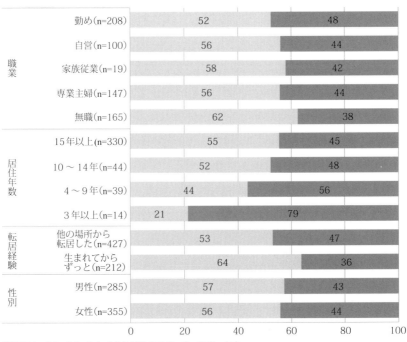

注）図2-1, 2-2, 2-3, 2-4, 2-5を通じて ■自→自、■自→民主

図2-2　スゥイングしたのは誰か(2)（単位：％）

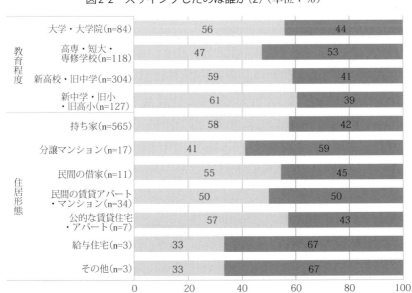

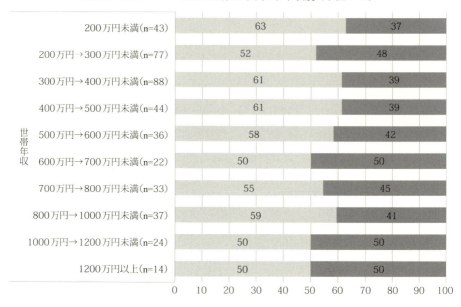

図2-3 スゥイングしたのは誰か(3)世帯年収別(単位：%)

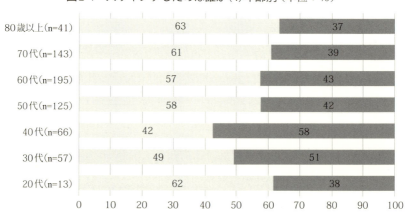

図2-4 スゥイングしたのは誰か(4)年齢別(単位：%)

図2-5　スウィング・ヴォーティングと都市規模（単位：%）

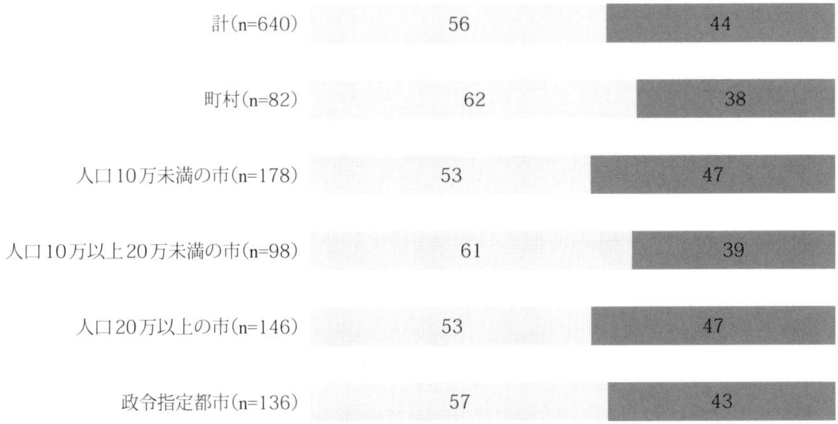

計(n=640)	56	44
町村(n=82)	62	38
人口10万未満の市(n=178)	53	47
人口10万以上20万未満の市(n=98)	61	39
人口20万以上の市(n=146)	53	47
政令指定都市(n=136)	57	43

3．スウィング・ヴォーターの政治的情報環境

　スウィング・ヴォーターが相対的に高い政治関心もとりたてて傑出した政治知識量も持たないことは前章で示された。では彼らは，どのような政治的情報環境のもとで自民党からの離反を決めたのだろうか。本節では選挙期間中に見聞きしたテレビ番組等（選挙後調査Q17），各新聞媒体に対する信頼（同Q26），選挙で役に立った情報源（同Q50），普段のメディア利用（選挙前調査Q47，Q48），政治的会話相手（同Q46），ポジション・ジェネレータ（選挙後調査Q35）などの変数からスウィング・ヴォーターを取り巻く政治的情報環境の特徴に迫りたい。

【選挙期間中に見聞きしたテレビ番組等】
　JES Ⅳ調査第3波Q17では選挙期間中によく見聞きした各報道番組やワイドショー，それ以外のテレビ番組，ラジオ番組，週刊誌を複数回答で回答者に選択してもらっている。これらについて，自民党への投票を2009年においても継続した層と，民主党へとスウィングした層を比較すると，いくつかの番組において視聴に差が現れた。それを示したのが表2-1である。自民党への投票を継続した「自→自」層においては，「おはよう日本」「NHKのニュース番組」「The サンデー NEXT」などの視聴がスウィング・ヴォー

表2-1　選挙期間中のメディア視聴とスウィング（単位：％）

	自→自	自→民	両側有意確率
おはよう日本(NHK)	37	27	0.006
NHKのニュース番組	57	47	0.011
報道ステーション(テレビ朝日)	35	48	0.000
TheサンデーNEXT（日本テレビ）	17	11	0.039
ラジオ番組	3	6	0.031
総力報道！THE NEWS (TBS)	8	13	0.067

質問文
「この中で，今度の選挙について選挙期間中によく見聞きしたものはどれですか…ほかにはありませんか」（複数回答）

ター（「自→民」）に比べて有意に高いのに対して，「報道ステーション」「ラジオ番組」などの視聴においては，スウィング・ヴォーターが有意に高い。「総力報道！ THE NEWS」については5％の有意水準には満たないが，スウィング・ヴォーターにおいて相対的により多く視聴されている傾向が現れている。ただし「みのもんたの朝ズバッ！」において有意差は検出されなかった。もっともこの分析からは，ある種の番組の視聴が投票行動に影響を与えているとまでは言えない。特定の価値観やライフスタイルが視聴するメディアの選択と同時に投票行動に反映しているという可能性が排除されていないからである。

【新聞やテレビに対する信頼】

　各新聞やテレビに対する信頼は「自→自」層とスウィング・ヴォーターとの間で異なるのだろうか。表2-2で各紙に対する信頼性において「自→自」層とスウィング・ヴォーターと差が見られるもののみを取り上げたものである。表中の値は質問文に対する回答の平均値で，両側有意確率はt検定によって得られたものである。これによれば，「自→自」層は「NHKテレビ」に対する信頼感がスウィング・ヴォーターよりも高い。逆に「朝日新聞」に対する信頼感はスウィング・ヴォーターの方が，「自→自」層よりも高い。ただし，スウィング・ヴォーターにおいても，朝日新聞よりNHKテレビに対する信頼感の方が高い。「民放テレビ」についてはスウィング・ヴォーターの方が相対的に高い傾向が観察されるが，これは有意確率が5％をわずかに超える。

表2-2　メディアに対する信頼（単位：％）

	自→自	自→民	両側有意確率
NHKテレビ	7.3	6.8	0.007
朝日新聞	5.4	6.0	0.017
民法テレビ	5.5	5.8	0.055

質問文
あなたは，この中にある組織や団体について，どの程度信頼していますか．「0点」を信頼していない，「10点」を信頼しているとした場合の点数でお答えください．

【有用な情報源】

次に選挙における選択に際して役に立ったと考えている情報源における違いを確認してみよう．JES IV第3波（選挙後）調査Q50では，テレビ，ラジオ，新聞，週刊誌，月刊誌，知人との会話，インターネット，選挙公報，選挙関係のビラやちらし，政党のマニフェスト，街頭演説など候補者との接触，選挙運動員との接触，電車などでの雑誌広告，その他といった14項目の情報源に対して，(1)各政党の政策を理解する上で役立ったもの，(2)各政党の幹部についての情報を得る上で役立ったたもの，(3)候補者の立場や人となりについての情報を得る上で役立ったもの，(4)全国の選挙情勢を知る上で役立ったもの，(5)小選挙区の投票先を選ぶ上で役立ったもの，(6)比例区の投票先を選ぶ上で役立ったものとして言及することを求めている．これらの項目について「自→自」層とスウィング・ヴォーターを比較した結果，表2-3に掲げた3項目を例外としてそれ以外の項目では両者の間に顕著な差異を見出すことはできなかった．表2-3の通り「自→自」層は「各政党の政策理解」と「候補者の立場や人となりについての情報を得る上で」の2点においては，スウィング・ヴォーターに比して相対的に多い割合で「選挙公報」を挙げている．この差はχ自乗検定によって1％水準で有意である．これに対して，スウィング・ヴォーターは「比例区での投票先選択」について「テレビ」が役立ったとする回答が相対的に多い．ただし，χ自乗検定によって得られた両側有意確率は0.065なので5％の有意水準を満たしてはいない．以上の分析からは，「自→自」層が比較的にハードな情報源に依拠しているのに対して，スウィング・ヴォーターは相対的にソフトな情報源に依拠している傾向がうかがえる．

表2-3 選挙において役立った
メディア（単位：％）

	自→自	自→民	両側有意確率
各政党の政策理解で役立った			
選挙公報	34	23	0.003
候補者の立場や人となり			
選挙公報	28	18	0.004
比例区での投票先選択			
テレビ	68	75	0.065

表2-4 普段情報を得ている
メディア（単位：％）

	自→自	自→民	両側有意確率
産経新聞	5	2	0.031

【ふだんのメディア利用】

「自→自」層とスウィング・ヴォーターは通常のメディア利用において大きな「自→自」層とスウィング・ヴォーターでなんらかの違いがあるのだろうか。JES IV第2波（選挙前）調査ではQ47で新聞購読を，Q48により携帯電話やパソコン，ネットなどの利用についてたずねている。これらについて「自→自」層とスウィング・ヴォーターを比較したところ，統計的に有意な差を示したのは「産経新聞」の購読のみで，前者が5％，後者が2％の購読率であった（表2-4）。すなわち産経新聞購読者は相対的に自民党から離反した投票者が少なかったことになる。

【政治的会話の相手】

Ikeda et al.（2005）は，周囲の人間関係における党派性が選択を行う本人の党派性の安定や投票行動に影響を与えることを示している。JES IV調査第2波Q46では，政治的会話の相手について4名まで尋ねている。その相手がどの政党に投票すると回答者が思うか（SQ6），さらにその相手が麻生内閣を支持していると思うかどうかという設問（SQ7）について，「自→自」層とスウィング・ヴォーターの比較を行った。政治的会話相手の数については「自→自」層においては1.29人，「自→民」層においては1.28人という平均値であり，この差は統計的に有意ではなかった。つまりスウィング・ヴォーターと「自→自」層において政治的会話の人数が違うとは言えない。

次に政治的会話の相手が持つ党派性に対する回答者の認知を見よう（表2-5）。政治的会話相手が自民党に投票すると思う数が0の場合は，民主党にスウィングする率が最も高く，1名以上自民党に投票すると考えている集団においてはスウィング率が低い。逆に会話相手が民主党に投票すると思う数が0の集団においてはスウィング率が35％と最も低いのに対して，1名になると68％，2名以上だと約80％が民主党へと投票先を変えている。麻

生内閣支持についても自民党投票と同様で，会話相手が誰も麻生内閣を支持していないと考えている集団では半数が民主党へとスゥイングしているのに対して，麻生内閣を支持している会話相手が1名いるとその値は24％になり，2名以上だと10％台となっている。いずれもきれいな線形の関連性とはいいがたいが，周囲の党派性と本人の投票選択との間に強い関連があることをうかがわせるには十分であ

表2-5 政治的会話相手と
スゥイング・ヴォーティング（単位：％）

政治的会話相手が自民党に投票するという予測数

	0	1	2	3	4
自→自	42	75	93	78	87
自→民	58	25	7	22	13
n	395	162	45	23	15

政治的会話相手が民主党に投票するという予測数

	0	1	2	3	4
自→自	65	32	18	20	25
自→民	35	68	82	80	75
n	487	111	28	10	4

政治的会話相手の内閣支持数

	0	1	2	3	4
自→自	49	76	85	88	89
自→民	51	24	15	12	11
n	491	96	27	17	9

ろう。このクロス表分析におけるχ自乗検定の結果はいずれも0.1％水準で有意である。

またこれらの予測数とスゥイングとの関連についてt検定を行った結果が表2-6である。「自→自」層において会話相手の内閣支持平均人数が0.54人であるのに対して，「自→民」層は0.15人である。会話相手が自民党に投票するだろうという予測の平均値についても，「自→自」層においては0.86人であるのに対して，「自→民」層では0.25人に過ぎない。逆に民主党への投票予測の平均値は「自→自」層が0.15人であるのに対して，「自→民」層は0.57人である。これらの差はいずれも統計的に有意である。すなわちスゥイング・ヴォーターにおいては「自→自」層よりも，政治的会話相手が麻生

表2-6 政治的会話相手とスゥイング・ヴォーティング

		平均値	標準偏差	平均値の標準誤差	t検定による有意確率(両側)
政治的会話相手の内閣支持	自→自	0.54	0.95	0.05	0.000
	自→民	0.15	0.49	0.03	
政治的会話相手が自民党に投票するという予測	自→自	0.86	1.04	0.05	0.000
	自→民	0.25	0.63	0.04	
政治的会話相手が民主党に投票するという予測	自→自	0.15	0.47	0.02	0.000
	自→民	0.57	0.85	0.05	

内閣を支持していると思われる人や自民党に投票すると思われている人が少なく，逆に民主党に投票すると思われる人が多い傾向が確認された。

【ポジション・ジェネレータ】

　ポジション・ジェネレータは「社会的な接触の多様性」の指標として用いられる尺度で，社会階層の上で多様な人々との接触の有無をカウントすることによって得られる[5]。JES Ⅳ調査第3波Q35では23種類の分類についてそれぞれ男女別に知り合いの有無を尋ねている。我々がスウィング・ヴォーターと「自→自」層は「社会的な接触の多様性」において差があるか否かを確認するために作成した尺度は，単純にこれらの知り合いの有無を総和したものである。こうして得られたポジション・ジェネレータ指標は最小値が0，最大値が40で全体の平均と標準偏差はそれぞれ5.6と5.3であった。これについてスウィング・ヴォーターと「自→自」層の平均値と標準偏差は前者についてはそれぞれ5.8と5.6，後者については6.0と5.7で，この差をt検定によって比較したが，有意ではなかった。つまり双方に関しては「社会的接触の多様性」では違いを見出せなかったということになる。

4．投票選択の判断基準

　では投票選択の判断基準において「自→自」層とスウィング・ヴォーター（「自→民」層）との間にはどのような違いがあるのだろうか。JES Ⅳ調査第3波Q1では小選挙区，比例区それぞれにおける投票選択について最も考慮した要因を択一式で尋ねている。表2-7は小選挙区と比例区それぞれにおける「自→自」層とスウィング・ヴォーターとの違いをクロス集計表分析した結果である。顕著な違いを示した数値はイタリック体で示した。

　小選挙区，比例区とも最も多く挙げられているのが「政党支持」であるが，小選挙区と比例区ではいささか様相が異なっている。すなわち，小選挙区においてはスウィング・ヴォーターがより「政党支持」を挙げる割合が高いのに対して，比例区では逆に「自→自」層において「政党支持」を挙げ

---

[5] 池田（2007，第6章），Lin and Erickson（2008）を参照。またLin（2001=2008: vii）においては「地位想起法」との訳語が与えられている。

る割合が高い。「政党支持」以外でスウィング・ヴォーターが選んだ基準は「各党の政策」で，これは「自→自」層よりも大きな値を示している。「自→自」層において「各党の政策」を挙げているのは小選挙区で6％，比例区で8％に過ぎない。

小選挙区においては候補者要因が比例区以上に重視される傾向が当然ながらある。しかしここでも「自→自」層とスウィング・ヴォーターとでは差が見られる。「候補者の人柄」を選んでいるのが「自→自」では23％なのに対して，スウィング・ヴォーターにおいては11％に過ぎない。また「地元の利益」については小選挙区，比例区のいずれにおいても「自→自」層の方が高い割合でこれを挙げている。

以上の結果は，スウィング・ヴォーターの方が「自→自」層よりもより政策に反応していることをうかがわせる。ただしこれはあくまで回答者の主観であり，前節までで検討したようにスウィング・ヴォーターの方がより高水準の政治知識やより強い政治関心を持っていたわけでもないことには留意しておく必要がある。一方，「自→自」層がスウィング・ヴォーターよりもより属人的かつ土着的な判断基準を持っているとはいえるだろう。

表2-7　投票選択の基準とスウィング・ヴォーティング（単位：％）

選択の基準	小選挙区 自→自	小選挙区 自→民	比例区 自→自	比例区 自→民
首相や党首に対する支持	5	5	4	7
政党支持	44	50	*61*	48
各党の政策	6	16	8	*25*
候補者の人柄	*23*	11	6	4
候補者の政策	3	7	2	2
職場の利益	1	1	2	1
地元の利益	*11*	4	*9*	3
議席のバランス	2	3	4	5
投票依頼を受けた	3	0	2	1
その他	1	2	1	2
わからない	1	1	1	2
答えない	0	0	0	0
n	374	272	361	279
漸近有意確率(両側)	.000		.000	
CramerのV	.296		.283	

5．スウィング・ヴォーターと政策志向

JES Ⅳの2009年衆院選前調査においては，二項対立形式で政策志向を尋ねる設問がある。政策の組み合わせは9種類用意されている。そのうち自民党への投票を継続した層（「自→自」）と，自民党から民主党にスウィングした層（「自→民」）を比較してχ自乗検定で5％水準の有意差を示したのは，「財政再建―景気対策」，「福祉サービスの充実―税負担の軽減」，「格差への対応（積極的―慎重）」の3種類であった[6]。その3種類について，自民党への投票を継続した層と民主党に乗り換えたスウィング・ヴォーターとを比較して分布を示したのが表2-8である。

「財政再建―景気対策」においては財政再建を重視するのが「自→自」層において70％弱であるのに対し，「自→民」層では64％程度で，前者が5ポイントほど多い。景気対策を重視する人の割合は「自→自」層において22.7％であるのに対して，「自→民」層では24.0％でほとんど差はない。一方で「わからない」「答えない」という回答が「自→自」層では7.5％なのに対して「自→民」層だと12.0％と少し多い。

A「増税してでも，福祉などの公共サービスを充実させる」とB「福祉などの公共サービスが低下しても，税負担を軽減」の比較だと，「自→自」層の73.7％が「Aに近い」もしくは「どちらかといえ

表2-8　スウィング・ヴォーターの政策志向（単位：％）

政策志向	'05→'09	Aに近い	どちらかといえばA	どちらかといえばB	Bに近い	わからない	答えない	有意確率
A：財政再建	自→自	46.9	22.8	9.8	12.9	7.1	0.4	0.045
B：景気対策	自→民	40.2	23.8	15.0	9.0	12.0	0.0	
A：福祉サービス充実	自→自	41.1	32.6	8.9	6.7	9.8	0.9	0.018
B：税負担の軽減	自→民	36.3	26.2	16.1	10.4	10.9	0.0	
A：格差への対応積極的	自→自	25.4	12.5	27.2	17.0	17.0	0.9	0.041
B：格差への対応慎重	自→民	23.0	19.9	20.2	19.4	17.5	0.0	

標本規模は「自→自」が224，「自→民」が366．

---

[6] 具体的な質問文については，https://ssjda.iss.u-tokyo.ac.jp/chosa-hyo/0999_wave2_c.pdfのQ19, Q21, Q27を参照されたい。

ばA」を選んでいるが「自→民」層においては62.5％と10ポイントほど少ない。その分「自→民」層では「Bに近い」もしくは「どちらかといえばB」を選ぶ人の割合が26.5％であるのに対し，「自→自」層では15.6％にとどまっている。

　「格差問題への対応」についてはAが「積極的」，Bが「慎重に」である。「自→自」層で「Aに近い」もしくは「どちらかといえばA」を望んでいるのは37.9％であるのに対して，「Bに近い」もしくは「どちらかといえばB」と答えているのは44.2％と慎重論がやや多い。一方「自→民」層においては42.9％が「Aに近い」もしくは「どちらかといえばA」を選んでいるのに対して，「Bに近い」もしくは「どちらかといえばB」を選んでいるのは39.6％で，「自→自」層とは逆の分布となっている。

　とはいえこれら3項目のいずれにおいても顕著な数値の違いはない。よって政策志向の違いで「自→自」層と「自→民」層を区別することは難しい。

6．むすび

　本章では2009年衆院選における政権交代の演出者であるスウィング・ヴォーターについて，彼らがどのような有権者であるのかについての特徴を，主に自民党への投票を継続した「自→自」層との比較によって探ってきた。分析によって得られた知見をまとめると以下のようになろう。

　第1に社会経済的特徴としては居住年数が短い新住民ほどスウィング・ヴォーターの割合が相対的に高い。第2に新聞，テレビなど旧来より存在するメディアや情報源の利用においては若干の差異がみられたが，ネットや携帯電話などの利用においてはほとんど差がなかった。第3にスウィング・ヴォーターにおいては政治的会話相手における麻生内閣支持者，自民党投票予定者が相対的に少なく，民主党に投票すると思われる人が相対的に多い。第4に，スウィング・ヴォーターにおける投票基準が少なくとも回答者の主観としてはより政策志向が強い一方で，「自→自」層の投票基準は相対的に属人的，土着的なものである。

　これだけの情報でスウィング・ヴォーターの推論の質を云々することは難しいが，少なくとも知識や関心において突出しているとは言い難く，また依拠する情報源についても「自→自」層に比べるとやや軽めという印象は受け

る。つまり際立って政治的に洗練された有権者がスウイングしたわけではない。もっともそうであるからこそ、スウイング・ヴォーターは政党や政治家にとって「説得可能な投票者」(persuadable voters)なのであろう[7]。

利用するメディアの選択についてはイデオロギー的な側面からも説明ができそうであり、安易にメディアからの影響を語ることはできない。政治的会話相手についても同様で、会話相手からの影響と会話相手を選ぶ回答者の主体性の双方を考慮する必要がある[8]。ただし事実として、政治的会話の相手に自民党に投票しそうな人が一人いるといないとではスウイング率は大差であるし、同じことが民主党に投票しそうな人の有無、麻生内閣支持者の有無についても言える。このことは回答者が属するネットワークの党派性が、スウイングの可能性を左右していることを示唆する。これがスウイング・ヴォーターの主体的判断に基づくものなのか、周囲からの同調圧力によるものなのかは、Ikeda et al（2005）およびIkeda（2010）のように動員の効果を統制することによって確認することがある程度可能であろう。この問題については今後の課題としたい。ただし表2-6で確認されたように、会話相手の党派性効果は線形ではなさそうである。そこからは同調圧力よりも回答者の主体性が効果として優っている可能性が示唆される。

仮にスウイング・ヴォーターが自らの主体的判断に基づいて、2009年衆院選においては自民党から離れ民主党に票を投じたのだとすれば、あらためてその判断の質が問われることになろう。本章の分析によればスウイング・ヴォーターの方がより政策志向の選択を少なくとも主観的には行っていることになる。一方でスウイング・ヴォーターよりも「自→自」層の方が、選挙公報を各政党の政策理解において役立ったメディアとして挙げている割合が高かったことは、スウイング・ヴォーターが何を情報源として政策を認知していたのか、彼らにとって重要な情報の近道(information shortcut)がなんであったのかをさらに検討する必要性を示唆する。ただしJES Ⅳデータで用意

---

[7] アメリカにおける説得可能な有権者(persuadable voter)についての研究としてHillygus and Shields（2008）.

[8] Ikeda et al.（2005）はシミュレーションの結果から、政治的見解によって友人を選択するというより、対人的政治情報環境(interpersonal political environment, IPE)が回答者に影響を与えるほうがよくおこりうることであると主張している。池田（2007, 第5章）およびIkeda（2010）も参照。

された政策選択について，自民党への投票を継続した層と，民主党に寝返ったスウィング・ヴォーターとの間に顕著な差は見出せなかった。

　政治的な会話の相手については未分析の変数も多くあるので，より詳細な分析を行いたい。またスウィング・ヴォーターに注目する理由の一つは，いかなる有権者が説得可能であるのかを明らかにすることであるが，現時点では居住年数の短い新住民において相対的に高い割合でスウィング・ヴォーターが存在するという以上のことは言えないので，さらなる分析が必要である。

　加えて標本の持つバイアスを調整した場合の結果についても，あらためて検討がなされなければならないだろう。2005年衆院選においては若年層における投票率の上昇が顕著であったが，2009年においてもさらに投票率は微増している。都市部若年層におけるスウィングの重要性は，このような調整の結果を踏まえつつ検討される必要がある。その上で「2005年に小泉自民党を大勝させた有権者層と2009年に民主党を大勝させた有権者層はほぼ同じタイプの人びとであろう」(田中ほか，2009, 1-2)というマクロ・データからの推測に対して，マイクロ・データによる検証を行う必要がある。

第3章
2010年参院選における投票行動

1. はじめに

　2010年7月11日に実施された第22回参議院通常選挙は，民主党政権にとって与党として迎える初の国政選挙であった。しかしながらここに至るまでに民主党政権は，鳩山由紀夫から菅直人への首相交代を経験した。これは鳩山自身の金銭問題，沖縄米軍基地問題への対応をめぐる批判などによって，政権の求心力が失われたためであった[1]。しかしながら後任である菅首相は参院選前の同年6月17日に参院選マニフェスト(政権公約)の発表記者会見において，「2010年度内に税率などを含めた『消費税に関する改革案をとりまとめたい』と発言し，税率についても『自民党が提案している10％（現行5％）という数字を1つの参考にしたい』」と述べ，波紋を呼んだ[2]。この第22回参議院通常選挙は2009年衆院選から1年もたっていない中で，民主党によるこれまでの政権運営に対する評価的な意味を持つこ

---

[1] 鳩山由紀夫内閣は，2010年5月28日に開かれた臨時閣議において，米軍普天間飛行場(沖縄県宜野湾市)を名護市辺野古周辺に移設するとした政府方針を閣議決定したが，これに先立ってこの閣議決定への署名を拒んだ社民党党首の福島瑞穂・消費者担当相を鳩山首相が罷免している。このことは社民党の連立離脱につながった。

[2] ロイター通信「菅首相が消費税10％に言及：識者はこうみる」（2010年6月18日16:12JST, http://jp.reuters.com/article/idJPJAPAN-15879720100618?sp=true, 2016年9月12日確認）。

ととなった。

　本章ではこの第22回参議院通常選挙における投票行動を分析の対象とし，当時の有権者による民主党政権評価を確認したい。政党や政治家は往々にして自分たちに都合の良いように選挙結果を解釈したコメントをメディアに流す。サーヴェイ・データによる民意の検証は，そのような解釈の妥当性を検討する重要な資料となる。この目的のために本章は以下のような構成をとる。

　まず第2節では投票率など基礎的なデータについて確認する。政権の評価という意味では2009年衆院選との比較も重要だが，参院選であるので2007年参院選との比較もしておく必要がある。第3節冒頭では2010年参院選時点の政権担当能力評価を中心に分析する。この変数は前章までの2009年衆院選における自民党から民主党へのスウィングを説明する主要変数であった。この2010年参院選における投票行動でも重要な役割を果たしているのかどうかを確認する。

　続いて安定的に自民党や民主党に投票している有権者と投票先を変更する有権者それぞれについて，党首評価，政策選好，投票選択において役立った情報などについて比較，検討する。党首評価については第1章でも検討したように，近年の日本の国政選挙における投票行動を説明する上で重要性が増している。また投票先が安定している有権者と不安定な有権者との間で，政策選好が異なっているか否かを検討する必要がある。争点が投票行動に直接効果を及ぼすとは限らないが，スウィング・ヴォーターが説得可能な投票者であるならば，その政策選好は重要な情報である。また，彼らが何を情報源に投票選択を行うかも，前章で議論したように重要な論点である。

　本章で中心的に用いるデータはJES IVプロジェクトによる2010年参院選パネルデータであるが，それ以外のデータも補完的に用いる[3]。

---

[3] JES IVデータに関する詳細は，東京大学社会科学研究科附属社会調査・データアーカイヴ研究センターが運営するSSJデータ・アーカイブのウェブ・サイト（https://ssjda.iss.u-tokyo.ac.jp/Direct/gaiyo.php?eid=0999）を参照されたい（2016年9月12日確認）。

2. 以前の国政選挙との比較

表3-1は2009年衆院選と2010年参院選における当日有権者数，投票総数，投票率を示したものである。衆院選については小選挙区と比例区（地域ブロック），参院選については都道府県単位の選挙区と比例区（全国1区）のものをそれぞれ示している。自民党を下野に追い込み民主党に政権を獲得させた2009年衆院選における投票率は，この表にもあるように小選挙区，比例区とも69.28％であった。この値は選挙制度が現行の小選挙区比例代表並立制に移行してから最も高い値である。これに対して参院選は通常衆院選よりも低い投票率を記録することがほとんどである。2010年参院選の投票率は表中にあるように選挙区，比例区とも57.92％と11％ポイント以上低い。当日有権者人口は2009年衆院選と2010年参院選では約8万人ほど後者が多いが，全体としてはほぼ1億人で安定している。よってこの投票率の違いは，投票総数としては1000万票以上の違いとなる。

表3-2は政党別の得票数を表3-1同様に2009年衆院選と2010年参院選について比較したものである。民主党は2009年衆院選では小選挙区において3300万票以上を，比例区では3000万票近くを獲得している。しかし，2010年参院選では選挙区，比例区ともに1000万票以上減らした形となっている。この変化分は投票率の減少にほぼ見合っている。

一方，自由民主党は2009年衆院選において小選挙区では2700万票，比例区では1900万票弱の得票であるが，2010年参院選では選挙区レベルで780万票の減，比例区レベルで470万票ほどの減少となっている。もっともこの選挙区レベルの減少は連立のパートナーである公明党との選挙協力

表3-1　2009年衆院選と2010年参院選投票比較

		2009衆	2010参	差
選挙区	当日有権者数(人)	103,949,441	104,029,135	79,694
	投票総数(人)	72,019,655	60,255,670	-11,763,985
	投票率(%)	69.28	57.92	-11.36
比例区	当日有権者数(人)	103,949,441	104,029,135	79,694
	投票総数(人)	72,019,655	60,251,214	-11,768,441
	投票率(%)	69.28	57.92	-11.37

表3-2　2009年衆院選と2010年参院選政党別得票比較

	政党名	2009衆 (小選挙区)	2010参 (選挙区)	差	2009衆比例区(地域ブロック)	2010参比例区(全国1区)	差
各党得票数	民主党	33,475,335	22,756,000	−10,719,335	29,844,799	18,450,139	−11,394,660
	自由民主党	27,301,982	19,496,083	−7,805,899	18,810,217	14,071,671	−4,738,546
	公明党	782,984	2,265,818	1,482,834	8,054,007	7,639,433	−414,574
	日本共産党	2,978,354	4,256,400	1,278,046	4,943,886	3,563,557	−1,380,329
	社会民主党	1,376,739	602,684	−774,055	3,006,160	2,242,735	−763,425
	みんなの党	615,244	5,977,391	5,362,147	3,005,199	1,000,036	−2,005,163
	国民新党	730,570	167,555	−563,015	1,219,767	1,000,036	−219,731
	その他・諸派	1,334,416	625,431	−708,985	1,486,220	3,542,212	2,055,992
	無所属	1,986,056	1,314,313	−671,743			

や候補者調整の影響も考えられるところで，公明党は選挙区レベルで148万票ほど増やしている。公明党は比例区において40万票ほどしか減らしておらず，その支持の底堅さがうかがえる。また共産党も公明党同様選挙区レベルでは130万票近く増やしているが，これは2009年衆院選において候補者を立てなかったことによるものだろう。逆に比例区での共産党票は140万票ほど減少している。またみんなの党は参院選で多くの選挙区で候補を擁立したこともあり，選挙区で約536万票，比例区で約494万票の得票増を記録している。政党間の移動を考慮しなければ，民主党と自民党の得票減は，投票率の低下とみんなの党の得票増におおむね吸収された形と見える。

　衆院選と参院選は制度も投票率も異なる。次に直近の2007年参院選と2010年参院選とで比較してみよう。表3-3は表3-1と同様に当日有権者

表3-3　2007年衆院選と2010年参院選投票比較

		2007参	2010参	差
選挙区	当日有権者数(人)	103,710,035	104,029,135	319,100
	投票総数(人)	60,813,926	60,255,670	−558,256
	投票率(%)	58.64	57.92	−0.72
比例区	当日有権者数(人)	103,710,035	104,029,135	319,100
	投票総数(人)	60,806,582	60,251,214	−555,368
	投票率(%)	58.63	57.92	−0.71

数，投票総数，投票率を示したものである。2007年の投票率は選挙区が58.64％，比例区が58.63％で，それぞれ2010年よりも0.7％ポイントほど高い。票の差で見れば55万票ほどになる。

表3-4は2007年，2010年2つの参院選における政党別の得票とその増減を示している。民主党についてみると2007年参院選では選挙区で約2400万票，比例区で約2300万票を獲得しているが，2010年参院選となると選挙区では2300万票に及ばず，比例区では1850万票に届かず，それぞれ選挙区では約125万票，比例区では約480万票の得票減となっている。つまり民主党は投票率の変動以上に大きく得票を減らしている。

一方で自民党は2007年参院選において選挙区で約1860万票，比例区で1650万票を獲得していたが，2010年では選挙区で89万票ほど増加したものの，比例区では逆に247万票を減らした。民主党との比較で言えば2010年参院選でも選挙区，比例区の双方で民主党を凌駕するには至っていない。

ただし議席数でいえば自民党は選挙区で39（うち1人区で21）を，比例区では12議席を獲得し，改選第一党となっている。民主党は比例区では16と最多議席を獲得したが，選挙区では28にとどまったために，政権与党の選挙結果としては心もとないものとなった。

集計データでは票の移動はわからないので，サーヴェイ・データで確認してみよう。JES Ⅳでは2010年の参院選前後にそれぞれパネル調査を行っている。選挙前調査では2009年衆院選の投票行動と2007年参院選の投票行動の双方について尋ねている。これを用いて投票行動の変化と安定性を確

表3-4　2007年参院選と2010年参院選政党別得票比較

		選挙区			比例区		
		2007参	2010参	差	2007参	2010参	差
各党得票数	民主党	24,006,818	22,756,000	-1,250,817	23,256,247	18,450,139	-4,806,108
	自由民主党	18,606,193	19,496,083	889,890	16,544,761	14,071,671	-2,473,090
	公明党	3,534,672	2,265,818	-1,268,854	7,765,329	7,639,433	-125,896
	日本共産党	5,164,572	4,256,400	-908,172	4,407,933	3,563,557	-844,376
	社会民主党	1,352,018	602,684	-749,334	2,634,714	2,242,735	-391,978
	みんなの党	―	5,977,391	5,977,391	―	7,943,649	7,943,649
	国民新党	1,111,005	167,555	-943,450	1,269,209	1,000,036	-269,173
	その他・諸派	477,182	625,431	148,249	3,035,507	3,542,212	506,705
	無所属	5,095,168	1,314,313	-3,780,855			

認しよう[4]。なお選挙区は立候補状況に大きく左右されるので，ここでは比例区での投票行動に注目することとする。

図3-1は2010年参院選比例区において自民党，民主党，みんなの党という3つの政党に投票した人々が，2009年衆院選比例区ではどのような投票行動を取っていたかを示している。まず自民党への投票者(2010年)だが，2009年も自民党に投票していたのは32％に過ぎない。2009年衆院選比例区で民主党に投票していたものの割合はそれよりも高く，37％にものぼっ

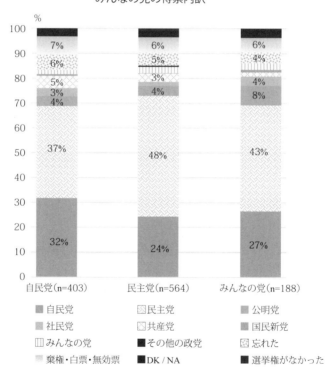

図3-1　2010年参院選比例区における自民，民主，みんなの党の得票内訳

4　ただしこれはあくまで回答者の自己申告であり，その回答そのものが不正確である可能性を排除できない。また選挙前調査に回答していても，選挙後調査では回答していない事例などもあるため欠測バイアスからも自由ではない。

第3章 2010年参院選における投票行動　69

ている。そのほかにそれ以外の政党に投票していた人々が約13％，棄権・白票・無効票などの行動をとっていた人が7％となっている。なお2009年の投票行動を「忘れた」ものが7％，「わからない」という回答をしたもの（DK）と回答してくれなかったもの（NA）もあわせて3％ほどいる。民主党について同様に見ると，2009年衆院選比例区で民主党に投票していたのは48％と約半数である。それ以外の内訳は自民党投票者だったものが24％，それ以外の政党に投票していたものが10％，「忘れた」が6％，棄権・白票・無効票が6％，DK/NAが3％，選挙権を持っていなかったものが1％となっている。2010年参院選で躍進を見せたみんなの党については，民主党からの流入が最も多く43％，自民党がこれについで27％，それ以外の政党からは14％である。加えて「忘れた」が4％，棄権・白票・無効票が

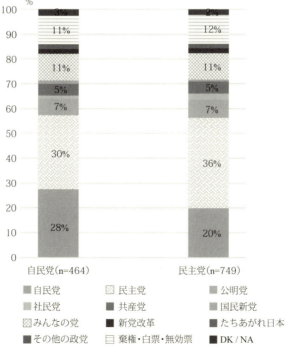

図3-2　2009年衆院選比例区における自民票，民主票の2010年参院選比例区における行方

6％，DK/NAが4％となっている。

図3-2は2009年衆院選比例区の自民党投票者，民主党投票者が2010年参院選比例区で選んだ投票行動を示している。自民党投票者の場合，28％はそのまま自民党に残っているが，30％は民主党に，11％がみんなの党に流れている。それ以外の政党に投票した人々は18％，棄権・白票・無効票へと流れたのが11％，「わからない」と答えた人々と回答してくれなかった人々を合わせると(DK/NA)3％ほどである。民主党についてみると，2009年衆院選比例区における民主党投票者で2010年参院選比例区でも民主党に投票したのは36％にとどまる。流出先は自民党へ20％，みんなの党へ11％，それ以外の党へ19％，棄権・白票・無効票が12％，DK/NAが2％

図3-3　2010年参院選比例区における自民・民主・みんなの党の得票と2007年の投票行動

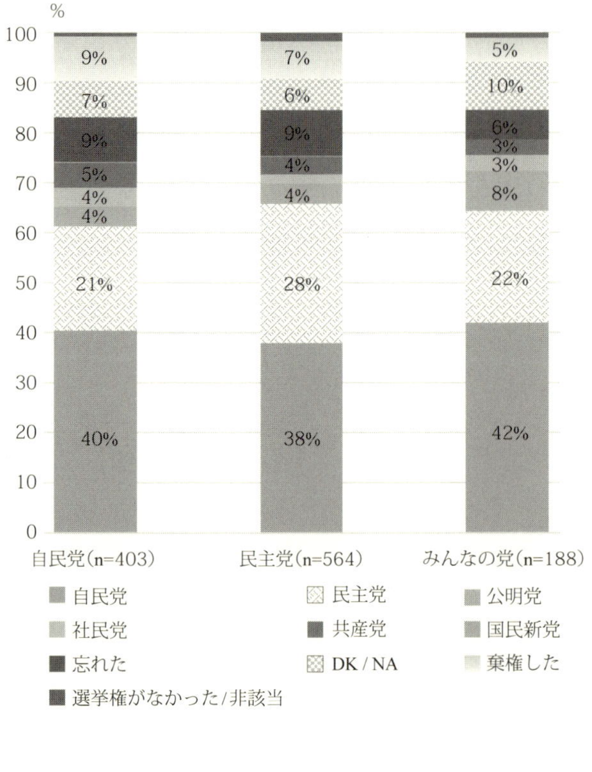

	自民党(n=403)	民主党(n=564)	みんなの党(n=188)
自民党	40%	38%	42%
民主党	21%	28%	22%
公明党	4%	4%	8%
社民党	4%	4%	3%
共産党	5%	—	3%
国民新党	9%	9%	6%
忘れた	7%	6%	10%
DK/NA	9%	7%	5%

凡例：自民党／民主党／公明党／社民党／共産党／国民新党／忘れた／DK/NA／棄権した／選挙権がなかった/非該当

である。以上2枚の図から2010年参院選比例区における主要3党の得票状況は，2009年衆院選から見てかなり流動的であることがわかる。

次に2007年参院選との比較に移ろう。図3-3は2010年参院選において比例区で自民党，民主党，みんなの党に投票した人々が2007年参院選比例区ではどのような投票行動をとっていたかを示している。2010年における自民党投票者のうち2007年にも自民党に投票していたのは40％である。21％は民主党に，13％はそれ以外の政党に投票していた。投票先を「忘れた」と答えた人が9％，「わからない」と答えた人と投票先について答えてくれなかった人を合わせて(DK/NA)7％，棄権していた人と答えた人が9％いる。2010年の民主党比例区得票について同様に見ると，2007年には自民党に投票していた人々が38％で，同じ選挙で民主党に投票していたと答えた28％よりも多い。それ以外の政党からの流入は10％で，投票先を「忘れた」人が9％，DK/NAが6％，棄権していた人が7％となっている。同様にみんなの党への投票者は42％が自民党から，22％が民主党から，他の政党からが14％で，他に「忘れた」が6％，DK/NAから10％，棄権者

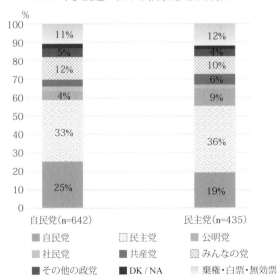

図3-4　2007年参院選における自民党，民主党投票者の
2010年参院選における投票行動（比例区）

が5％となっている。

図3-4は図3-2と同様に2007年参院選比例区において自民党，民主党に投票したという回答者が2010年においてどのような投票行動をとったかを示している。2007年に自民党に投票していた回答者のうち，2010年も継続して自民党に投票したのは25％に過ぎない。33％は民主党へ，12％はみんなの党へ，16％はそれ以外の政党に流出している。また白票・無効票・棄権にも11％が流れている。同様に2007年の民主党投票者を見ると，36％は2010年も民主党に投票しているが，自民党に19％，みんなの党へ10％，それ以外の政党へ21％が流出している。また12％は白票・無効票・棄権を選んでいる。以上からわかるように，2007年から2010年にかけての投票行動は非常に流動性が高い。

次節ではこれらの投票者たちの政権担当能力評価や党首評価，政策選好，投票に役立った情報について確認しよう。

3．2010年参院選における投票行動と政権担当能力評価，党首評価，政策選好，投票に役立った情報

投票行動と政権担当能力評価

図3-5は2001年から2010年までの自民，民主両党における政権担当能力評価を示したものである。見てのとおり，2010年参院選前の調査では民主党と自民党が逆転している。値は自民党に政権担当能力を認めるものが56.7％，民主党のそれは59.3％となっている。

表3-5は比例区の投票行動ごとに自民党，民主党に何％の回答者が政権担当能力を認めているかを示したものである。たとえば，2009年衆院選でも2010年参院選でも自民党に投票した回答者(表中「自→自」と表記，n=101)のうち80.2％が自民党に，38.6％が民主党に対して政権担当能力を認めている。また2007年と2010年2回の参院選でいずれも自民党に投票した回答者(n=128)においては71.1％が自民党に，44.5％が民主党に政権担当能力を認めている。自民党に忠実なこれらの層においてさえ，40％前後の回答者が民主党の政権担当能力を認めていることは興味深い。

次に自民党から民主党にスウイングした層(表中「自→民」と表記)に注目する。2009年衆院選で自民党に投票していたが，2010年には民主党に

第3章 2010年参院選における投票行動 73

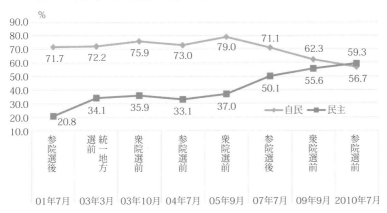

図3-5 自民, 民主両党の政権担当能力評価の変遷：2001〜2010年

表3-5 自民党・民主党への政権担当能力評価と投票行動（単位％）

	政権担当能力評価	自→自	自→民	自→他党	自→棄権	民→民	民→自	民→他党	民→棄権
衆09→参10	自民	80.2	75.8	80.0	84.8	44.7	44.7	53.1	51.9
	民主	38.6	42.5	40.0	37.0	79.4	75.6	78.1	83.1
観察数	n	101	120	115	46	228	123	192	77
参07→参10	自民	71.1	64.2	76.0	72.7	43.7	39.1	44.3	60.0
	民主	44.5	50.3	51.3	45.5	86.7	82.6	79.1	80.0
観察数	n	128	173	150	22	135	69	115	5

投票先を変えた回答者（n=120）においては75.8％が自民党に政権担当能力を認めているが，民主党に対して政権担当能力を認めたのはこの層においても半数以下の42.5％にとどまる。この層の半数以上が民主党に流れた理由は，政権担当能力以外の要因ということになる。一方2007年参院選において自民党に投票していたが，2010年参院選では民主党に流れた層（n=173）においては64.2％が自民党に，50.3％が民主党に政権担当能力を認めている。

民主党への投票を継続した層（「民→民」）では当然ながら民主党の政権担当能力を評価する回答者の割合が高い。2009年衆院選でも2010年参院選でも民主党に投票した層（n=228）においては79.4％が民主党に政権担当能力を認めている。同様に2007年，2010年2回の参院選においてともに民

主党に投票した層(n=135)においては，86.7％が民主党に政権担当能力を認めている。

一方, 2009年衆院選, 2007年参院選において民主党に投票していながら，2010年参院選では自民党にスウィングした層(「民→自」)においても4分の3以上の回答者が民主党に政権担当能力があると考えている。2009年衆院選において民主党に投票していながら2010年参院選では自民党に投票先を変えた層(n=123)では75.6％，2007年参院選に民主党に投票していたが，2010年では自民党に投票した層(n=69)では82.6％が民主党に政権担当能力があると回答している。一方，この層で自民党に政権担当能力を認めているのは39.1％でしかない。

全般的に2010年以前の2回の国政選挙において自民党に投票していた人々の大多数は自民党に政権担当能力を認めているが，同じことは民主党についても言える。

JES Ⅳの2010年参議院選挙前調査では，自民党と民主党の双方の政権担当能力に関してより詳細な10項目の設問を用意している(選挙後調査Q26)。それら10項目とは，(a)国を導く力量(政治理念や将来の構想力)，(b)政治手法の正しさ(透明性や説明責任)，(c)政治家集団としての力量(リーダーシップや政治への志)，(d)政策の力量(政策立案力や政策推進力)，(e)政権運営の安定性(連立間協議を含むマネジメント力)，(f)行政(官僚)に対する統率力，(g)有権者に対する応答力(公平さやニーズの反映力)，(h)社会的弱者に対する配慮，(i)国際的な発信力・交渉能力，(j)将来を担う政治家の育成，である。自民党，民主党それぞれに政権担当能力を認める人は，それぞれの党のどの部分を評価しているのであろうか。これらについて，表3-5のような投票パターンごとに何らかの傾向が見られるであろうか。図3-6（a1からj2)で確認しよう。図3-6は2009年衆院選と2010年参院選における投票のパターンを縦軸に，10項目の政権担当能力に関する4段階の評価(「十分にある」，「ある程度ある」，「不足している」，「全く不十分」)の分布を自民党，民主党それぞれについて示したものである。括弧内は回答者の実数を示している。

図3-6（a1)および同(a2)より，「国を導く力量」については，総体的に自民党への評価の方が高いようである。「自→民」層では8割以上が自民党に「国を導く力量」があると答えているが，民主党に対してそれを認めている

のは50％に満たない。民主党への投票を2009年，2010年と継続した層（「民→民」）においても約55％は自民党に「国を導く力量」があるとみなしている。一方，民主党に対してはこの「民→民」層においてさえ，「国を導く力量がある」と答えているのは65.6％にとどまっている。「政治手法の正しさ」（図3-6 (b1,b2)），「政治家集団としての力量」（同c1,c2），「政策の力量」（同d1,d2），「政権運営の安定性」（同e1,e2），「行政（官僚）に対する統率力」（同f1，f2）はほぼ同様の傾向で，自民党が民主党よりも相対的に評価されている。

「有権者に対する応答力」（同g1，g2）については総じて民主党に対する評価のほうがよいようである。「自→自」層においてはこれを自民党に認めているのは49.4％，民主党に認めているのが49.5％で拮抗している。対照的に「民→民」層では自民党に対してこれを認めるのは33.6％に過ぎないが，民主党に対しては57.6％が認めている。また「社会的弱者に対する配慮」（同h1，h2）においてはさらに民主党への評価は良く，2009年に自民党に投票した層でさえ総じて民主党を評価する割合が高い。

「国際的な発信力・交渉能力」（同i1，i2）については民主党への評価が総じて低く，「民→民」層においてさえ26.9％しか民主党にこの能力を認めていない。一方自民党に対しては「民→民」層でさえも50.9％が認めている。「政治家の育成」（同j1，j2）については，それぞれ2009年に自民党に投票している層の多くは自民党にそれを認め，同じく民主党投票者の多くは民主党にそれを認めている。ここで興味深いのは「自→民」層の51.0％が自民党にこれを認めている一方で，民主党に認めている人の割合は58.4％と後者のほうが高いことである。この値は2009年に民主党に投票した層のどこよりも高い。また民主党から他党に流れた「民→他党」層も自民党に対してこれを認めるのは31.6％でしかないが，民主党に対しては58.2％が「政治家の育成」能力を認めている。

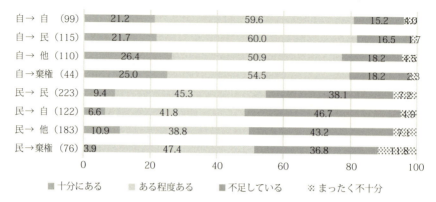

図3-6(a1) 国を導く力量:自民党(単位:%)

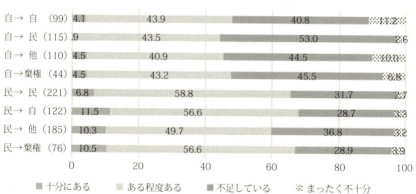

図3-6(a2) 国を導く力量:民主党(単位:%)

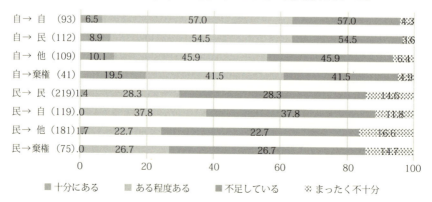

図3-6(b1) 政治手法の正しさ:自民党(単位:%)

第3章 2010年参院選における投票行動　77

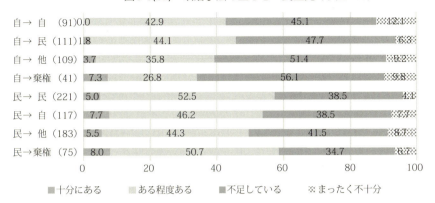

図3-6(b2)　政治手法の正しさ：民主党（単位：%）

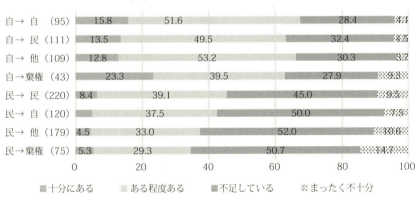

図3-6(c1)　政治家集団としての力量：自民党（単位：%）

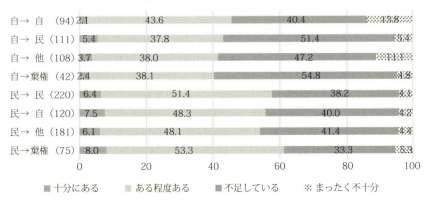

図3-6(c2)　政治家集団としての力量：民主党（単位：%）

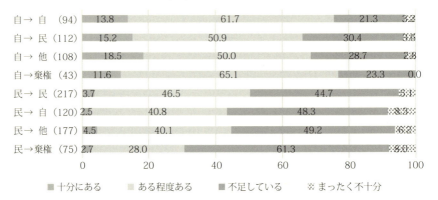

図3-6(d1)　政策の力量：自民党（単位：%）

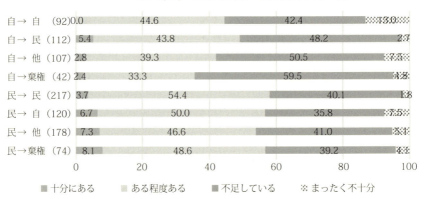

図3-6(d2)　政策の力量：民主党（単位：%）

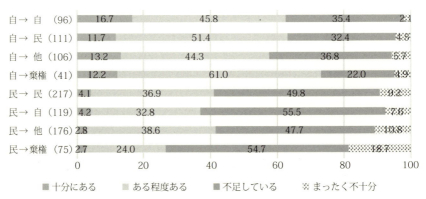

図3-6(e1)　政権運営の安定性：自民党（単位：%）

第3章 2010年参院選における投票行動　79

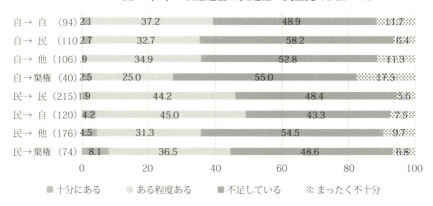

図3-6(e2)　政権運営の安定性：民主党（単位：％）

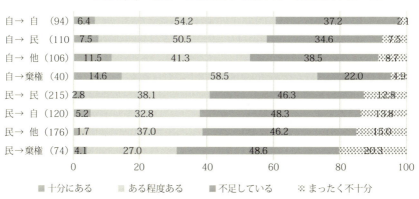

図3-6(f1)　行政・官僚に対する統率力：自民党（単位：％）

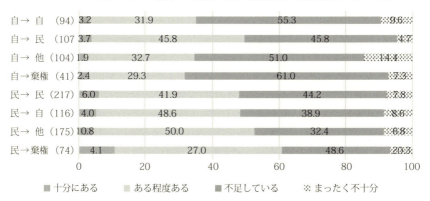

図3-6(f2)　行政・官僚に対する統率力：民主党（単位：％）

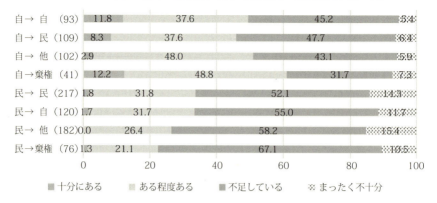

図3-6(g1) 有権者に対する応答力：自民党（単位：%）

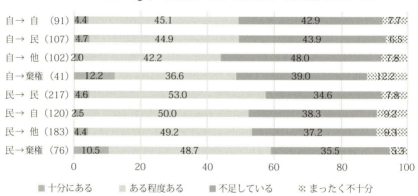

図3-6(g2) 有権者に対する応答力：民主党（単位：%）

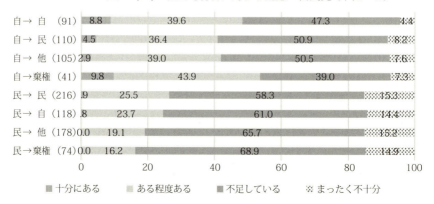

図3-6(h1) 社会的弱者に対する配慮：自民党（単位：%）

第3章 2010年参院選における投票行動　81

図3-6(h2)　社会的弱者に対する配慮：民主党（単位：％）

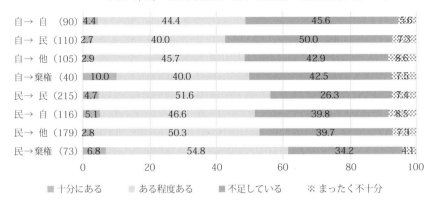

図3-6(i1)　国際的な発進力・交渉能力：自民党（単位：％）

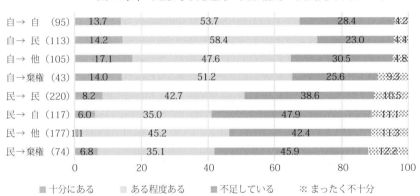

図3-6(i2)　国際的な発進力・交渉能力：民主党（単位：％）

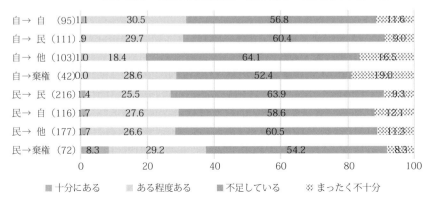

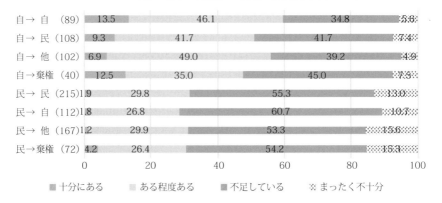

図3-6(j1) 政治家の育成：自民党（単位：％）

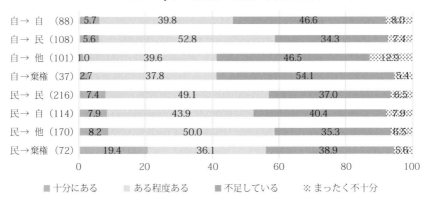

図3-6(j2) 政治家の育成：民主党（単位：％）

投票行動と党首評価

　JES Ⅳデータでは2010年参院選後調査において問10-1において「一番よい党首をもつ政党はどれでしょうか」という設問を置いている。表3-6と表3-7はこの変数と、それぞれ2009年衆院選と2010年参院選、2007年と2010年参院選における投票行動との比較である。表3-6で自民党に投票し続けている層（「自→自」）においては38.6％が、一番よい党首をもっているのは自民党と答えている。同様に民主党への投票を継続している層（「民→民」）においても、民主党の党首を選ぶ割合が最も高く48.3％となっている。

これに対して自民党から民主党に投票先を変えた層では48.3％が民主党の党首が一番よいと答えている。また自民党から民主党以外の政党へのスウイング（「自→他党」）ならびに民主党から自民党以外へのスウイング（「民→他党」）をしている層ではいずれもみんなの党の党首を選ぶ割合が最も高く，前者では38.3％，後者では34.9％を示している。このような傾向は2007

表3-6　2009年衆院選と2010年参院選比例区における投票行動と党首評価

政党名	自→自	自→民	自→他党	自→棄権	民→民	民→自	民→他党	民→棄権
自民党	38.6	4.2	6.1	19.6	3.5	39.8	7.8	11.7
民主党	4.0	48.3	8.7	8.7	45.6	4.9	7.8	3.9
公明党	1.0	1.7	3.5	2.2	0.4	0.0	3.1	1.3
社民党	1.0	0.8	0.0	0.0	0.4	0.8	0.5	1.3
共産党	1.0	0.0	5.2	2.2	0.4	1.6	5.2	0.0
国民新党	0.0	0.8	0.0	2.2	0.4	0.0	1.0	0.0
みんなの党	15.8	15.0	38.3	10.9	13.2	17.9	34.9	18.2
新党改革	1.0	0.0	3.5	2.2	1.8	0.8	5.2	3.9
たちあがれ日本	2.0	0.8	0.9	2.2	0.9	0.8	3.1	1.3
どれも同じ・そういう政党はない	22.8	21.7	18.3	21.7	21.1	17.1	18.2	32.5
わからない	12.9	6.7	15.7	26.1	11.8	16.3	13.0	26.0
答えない	0.0	0.0	0.0	2.2	0.4	0.0	0.0	0.0
n	101	120	115	46	228	123	192	77

表3-7　2007年参院選と2010年参院選比例区における投票行動と党首評価

政党名	自→自	自→民	自→他党	自→棄権	民→民	民→自	民→他党	民→棄権
自民党	36.7	4.0	6.7	9.1	4.4	37.7	9.6	40.0
民主党	3.9	49.1	6.7	22.7	45.2	7.2	9.6	20.0
公明党	0.8	1.2	0.7	0.0	0.0	0.0	4.3	0.0
社民党	0.8	0.6	0.7	9.1	0.0	1.4	0.0	0.0
共産党	1.6	0.6	5.3	0.0	0.0	1.4	6.1	0.0
国民新党	0.0	0.6	0.0	0.0	0.7	0.0	0.9	0.0
みんなの党	20.3	13.9	42.0	13.6	13.3	11.6	29.6	40.0
新党改革	0.8	0.6	5.3	9.1	1.5	2.9	3.5	0.0
たちあがれ日本	1.6	1.2	2.7	0.0	1.5	0.0	1.7	0.0
どれも同じ・そういう政党はない	24.2	22.0	17.3	27.3	20.7	15.9	17.4	0.0
わからない	9.4	5.8	12.7	9.1	12.6	21.7	17.4	0.0
答えない	0.0	0.6	0.0	0.0	0.0	0.0	0.0	0.0
n	128	173	150	22	135	69	115	5

年と2010年の参院選比例区投票を比較した表3-7でも同様である。以上から2010年参院選における投票政党の変化においては，党首に対する評価が強く関連している可能性が示唆される。

投票行動と政策選好

投票行動ごとに政策選好は異なるであろうか。JES Ⅳデータでは2010年参院選挙前調査において，9組の二項対立形式で政策志向を尋ねている設問（Q17からQ25）がある[5]。この設問では，AとB2つの政策選択肢を提示し，どちらに近いかを回答者に選択させている。回答の選択肢は「Aに近い」「どちらかといえばA」「どちらかといえばB」「Bに近い」の4つである。これら9組について，表3-6で用いた2009年衆院選と2010年参院選の投票行動パターンごとにクロス表分析を行った結果，回答分布に5％水準の有意差があったのは集団的自衛権の行使のみであった。表3-8はその回答分布を示したものである。ただしこの表においては「Aに近い」「どちらかといえばA」をあわせてA，「どちらかといえばB」「Bに近い」をあわせてBとして表記している。

この表からわかるとおり，2009年衆院選で自民党に投票していた層の6割前後は集団的自衛権の行使を認めている。ただし自民党から民主党に

表3-8　集団的自衛権の行使と投票行動
（2009年と2010年）（単位：％）

'09－'10	A：認める	B：認めない	わからない・答えない	n
自→自	64.4	20.8	14.9	101
自→民	57.5	25.8	16.7	120
自→他	67.0	21.7	11.3	115
自→棄権	41.3	32.6	26.1	46
民→民	53.1	35.1	11.8	228
民→自	52.0	30.1	17.9	123
民→他	52.1	31.8	16.1	192
民→棄権	49.4	42.9	7.8	77

（有意確率＝0.011）

5　調査票はhttps://ssjda.iss.u-tokyo.ac.jp/chosa-hyo/0999_wave5_c.pdfである。

シフトしてきた「自→民」層においては集団的自衛権の行使を認める割合が6割を下回り（57.5％），認めないという割合も25.8％と「自→自」「自→他」に比べてやや高めである。また2009年に自民党に投票したものの2010年参院選には棄権した層（「自→棄権」）では，集団的自衛権の行使を認める回答をしているのは41.3％，認めない回答は32,6％となっている。

一方，2009年に民主党に投票していた層で集団的自衛権の行使を認める回答者の割合はどのカテゴリーでも50％台前半に留まる。認めないという回答の割合も2009年に自民党に投票していた有権者が（2010年の棄権層を除くと）20％台なのに対し，2009年に民主党に投票した層では30％台を超える。

2007年，2010年参院選における投票行動の比較で同様に見ていくと，集団的自衛権，憲法改正，普天間基地移設問題において有意差が見受けられる。表3-9は集団的自衛権の行使についてであるが，ほぼ表3-8と同様の傾向を示している。表3-10は憲法改正についてで，2007年において自民党に投票した集団においては「自→自」「自→民」「自→他」「自→棄権」）は60％以上の人々が改憲に賛成している。「自→自」と「自→民」を比べると後者において改憲賛成が5％ポイント多く，護憲が4％ポイントほど少ない。表3-11は普天間基地移設問題と投票行動パターンのクロス表分析結果である。2007年に自民党に投票していた層は「自→棄権」以外は名護市への移設を支持する割合が過半数を超える。名護市移転を支持する割合が最

表3-9 集団的自衛権の行使と投票行動（2007年と2010年）（単位：％）

'07－'10	A：認める	B：認めない	わからない・答えない	n
自→自	60.9	22.7	16.4	128
自→民	56.6	28.9	14.5	173
自→他	66.7	21.3	12.0	150
自→棄権	45.5	36.4	18.2	22
民→民	53.3	35.6	11.1	135
民→自	53.6	30.4	15.9	69
民→他	44.3	36.5	19.1	115
民→棄権	80.0	0.0	20.0	5

（有意確率=0.031）

表3-10 憲法改正と投票行動（2007年と2010年）（単位：％）

'07－'10	A：改憲	B：護憲	わからない・答えない	n
自→自	60.9	26.6	12.5	128
自→民	65.9	22.5	11.6	173
自→他	62.0	26.0	12.0	150
自→棄権	77.3	22.7	0.0	22
民→民	50.4	39.3	10.4	135
民→自	44.9	40.6	14.5	69
民→他	44.3	42.6	13.0	115
民→棄権	60.0	40.0	0.0	5

（有意確率=0.034）

表3-11 普天間基地移設問題と投票行動
(2007年と2010年)(単位:％)

'07→'10	A：名護	B：県外	わからない・答えない	n
自→自	55.5	28.1	16.4	128
自→民	53.8	32.4	13.9	173
自→他	52.0	39.3	8.7	150
自→棄権	36.4	59.1	4.5	22
民→民	41.5	48.1	10.4	135
民→自	46.4	43.5	10.1	69
民→他	30.4	58.3	11.3	115
民→棄権	40.0	60.0	0.0	5

(有意確率＝0.018)

　も高いのは2010年にも自民党に投票した「自→自」層(55.5％)で，2010年は民主党に投票した「自→民」の53.8％がそれに次ぐ。この差はさほど大きなものではないが，県外移設を主張する割合は「自→自」が28.1％であるのに対して，「自→民」が32.4％と4.3％ポイントほど高い。「自→他」においては県外移設を支持する割合がさらに高く，「わからない・答えない」という集団の割合も「自→自」「自→民」よりも大幅に低い。

　これに対して2007年に民主党に投票していた集団では，2010年に自民党に投票先を変えた「民→自」層を除くと，名護市移設よりも県外移設を支持する割合が高い。民主党から他党に流れた「民→他」においてこの傾向は顕著で58.3％が県外移設を支持している。

　以上から投票先の変更において政策との関連性は，あまり顕著なものとはいえなさそうである。2009年衆院選との比較で見れば，集団的自衛権においてわずかに看取できるのみである。2007年参院選との比較ではこれに加えて憲法改正，普天間基地移設問題において関連性が見受けられるが，これも投票先を変更するかしないかとの間に顕著な関連を見出すことは難しい。

　争点が投票行動に影響を与えるための条件としては，バトラーとストークスが提起した3条件がある(Butler and Stokes 1974)。それらは「①ある争点について，多くの有権者が意見を持ち，関心を持っていること。②争点に対する有権者の分布が一方に偏っていること。③その争点に対する政党の立場が有権者から見て明確であること」である(蒲島1998, 46)。

これらの3条件をこの章で取り上げた政策争点が満たしているかというと，有権者の意見分布が必ずしも一方向に偏っているとは言えないため，②の条件を満たしているとは言えない。少なくとも争点による一方向へのナショナル・スウィングは起きていないと思われる。

投票に役立った情報

安定的に1つの政党に投票する有権者と，投票先を変化させるスウィング・ヴォーターでは依拠する情報源は同一であろうか。JES IV-2010年参院選後調査では，問54（6）において，「比例区での投票先を選ぶ上で役立ったものはどれですか」という問いを15項目の選択肢を提示してたずねている。これを用いて2009年衆院選比例区と2010年参院選の比例区における投票行動パターンごとに，役立った情報源が異なるかどうかを確認した結果が図3-7である。この図はもちろんすべての投票者をカバーしたものではないが，比例区投票選択に当たって役に立つとされる情報源はテレビが最も多く，それに新聞が続き，そこから大きく離れて選挙公報，ラジオ，選挙関係のビラやちらし，政党のマニフェスト，政党や候補者のホームページやブログ以外のインターネット情報が続いている。

図3-7に示された各項目のうち，投票パターンと有意な関連性があったのはテレビ（χ自乗検定による有意確率0.4％），選挙公報（同1.6％）の2つである。この2項目を取り出して，実際の値を示したものが表3-12である。ここから2009年に自民党に投票していた層と民主党に投票していた層を比べると，後者のほうがよりテレビや選挙公報が役立ったと答える割合が高い傾向がうかがえる。また，2010年参院選における棄権層は，役立った情報源としてテレビや選挙公報をあげる割合が，投票に行った層よりも相対的に低いことが見てとれる。また2009年衆院選において自民党に投票していた層を見ると，「自→自」層，「自→他党」層に比べて「自→民」層はテレビ，選挙公報とも「役立った」と答える割合が高いことがわかる。顕著なのは「自→民」層でテレビが役立ったと答える割合が83.3％と最も高い。これに続く値は「民→民」層の75.9％であることから，2010年参院選比例区において民主党に投票した人たちの多くが，テレビの情報に依拠していたと推測される。

図3-7　2010年参院選比例区投票判断に役立った情報源（単位：％）

4．まとめ

本章における知見を以下にまとめておこう。

表3-12　図3－7におけるテレビと選挙公報の値（単位：％）

	テレビ	選挙公報	n
自→自	69.3	10.9	101
自→民	83.3	16.7	120
自→他党	67.8	10.4	115
自→棄権	56.5	4.3	46
民→民	75.9	13.2	228
民→自	71.5	13.8	123
民→他党	72.9	10.9	192
民→棄権	61.0	0.0	77
有意確率	.004	.016	

(1) 2009年衆院選における投票行動と2010年参院選のそれを比較すると，棄権を含めて投票先を変えた有権者の割合が高い。2009年に自民党に投票していた有権者のうち2010年にも自民党に投票した有権者は，データ上3割に満たなかった。同様に2009年に民主党に投票していた有権者のうち2010年にも民主党に投票したのは36％に過ぎなかった。

(2) 2010年参院選時点では自民党と民主党に対して政権担当能力を認める有権者の割合は拮抗していた。またその内実をより詳細に検討したところ，自民党に対しては「国を導く力量」「政治手法の正しさ」「政治家集団としての力量」「政策の力量」「政権運営の安定性」「行政（官僚）に対する統率力」「国際的な発信力・交渉能力」が相対的に高く評価されている。一方，民主党については「有権者に対する応答力」「社会的弱者に対する配慮」が評価されている。

(3) 投票先を変更する上で党首評価の効果がありそうである。

(4) 投票行動と関連している政策争点としては，集団的自衛権，憲法改正，普天間基地問題などがあった。

(5) 投票行動に役立った情報としては，テレビ，新聞などからのものをあげる回答が多い一方で，インターネットへの言及は少ない。

以上から2010年参院選の時点においては有権者はまだ民主党をそれなりに評価しており，二大政党制が続いていたことがわかる。しかしながら後に見るように民主党はここで踏みとどまることができなかった。次章でそれが明らかとなる。

第4章
民主党政権の瓦解と政治不信の深化

　2012年の解散総選挙(第46回)は民主党政権の命脈を絶つものであった。この選挙において自民党は294議席を獲得し政権に復帰したが、その勝利は飯田健が述べるように、「自民党が民主党の不満の受け皿となったことよりも、民主党が不人気すぎたことにより相対的に自民党の得票率が上がった」(飯田2016, 43)ためであろう。

　本章では、JES Vプロジェクトが行った2012年衆院選前後の調査データを中心的に検討することで、民主党政権の崩壊を確認する[1]。鍵になる変数は投票行動(特に民主党からの離反)、政権の実績評価、政権担当能力評価、そして政治不信関連の指標である。

1. 民主党からの離反

　本節では2009年に民主党に投票していた層が、どこに離れていったのかを確認する。小選挙区での投票は政党の候補者擁立状況に左右されるので、ここでは比例区での投票を分析対象とする。実数で見ると、民主党は2009年衆院選比例区では29,844,799票を獲得していたが、2012年総選挙では

---

[1] JES Vプロジェクトは小林良彰(慶應義塾大学教授)を研究代表者として、文部科学省科学研究費補助金特別推進研究「政権交代期における政治意識の全国的時系列的調査研究」(課題番号24000002)を得て、平成24 (2010)年度から28 (2016)年度にかけて、全国的なサーヴェイ調査を実施した。ウェブサイトのURLは、http://www.res.kutc.kansai-u.ac.jp/JES/mokuteki.htmlである。

表4-1 2012年衆院選比例区における2009年民主党票の行方

n=1414	%
民主党	24.5
自民党	12.9
みんなの党	14.9
日本未来の党	12.0
日本維新の会	21.2
その他の政党	6.9
棄権	7.1
忘れた	0.5

出所：2012年衆院選後調査（JES V）

9,628,653票にとどまり、2000万票以上の得票減であった[2]。表4-1はインターネット調査によるサーヴェイ・データによって、2009年衆院選比例区における民主党票がどのように分散したかを示したものである[3]。

　表4-1からわかるのは、ネット調査回答者においては2009年衆院選で民主党に投票した人のうち、2012年総選挙において民主党への投票を継続したのは24.5％と4分の1ほどでしかないということである。つまり7割以上が民主党から離反している。そしてその主な流出先は少なくとも表からは日本維新の会、自民党、みんなの党ということのようである。また、棄権者の割合はいずれの調査においても7％前後である。もちろんこれらの調査に答える人の中に棄権した人は少ないというバイアスはあるだろうから、この数値はやや控えめの数字で、実際にはもっと多いと推測される。

　このような離反行動を飯田健はリスク受容態度から説明している。すなわちリスク受容的な投票者は民主党から他党に投票先を変える一方、そのような有権者に比べてリスク受容度が相対的に高くも低くもない有権者は、棄権を選択する傾向が強かったという（飯田2016, 第3章）。2012年総選挙において自民党は多くの議席を得て政権に復帰するが、得票そのものは2009年総選挙のほうが多い[4]。2012年総選挙の低投票率は、リスク回避的で再びの政権交代につながるような変革を起こすことに消極的な有権者が棄権を選択したことによる、というのが飯田の推論である。

　このように民主党から離反した有権者が今後戻ってこなければ、政権交

---

[2] 総務省自治行政局選挙部『平成24年12月16日執行衆議院議員総選挙・最高裁判所裁判官国民審査結果調』（https://www.e-stat.go.jp/SG1/estat/eStatTopPortal.do よりダウンロード）参照。

[3] 調査期間は平成24年12月17日から同25年1月22日までで、回収数は4299であった。

[4] 比例区での得票は2009年が18,810,217票であったのに対して2012年では16,624,457票である。

代可能な二大政党制の存続は覚束ない。本章ではこのような離反した有権者の民主党政権評価や民主党の政権担当能力評価について分析する。民主党から離反した有権者は棄権者以外には他党に流出している。次節ではまず野田内閣と民主党政権の評価について，民主党への投票を継続した集団と同党から離反した集団とで比較する。また主要政党の政権担当能力を確認する。

2．政権と政権担当能力への評価

　JES Ⅴのネット調査では野田内閣，民主党政権全体のそれぞれについて，「財政政策」，「景気対策」，「外交」，「政治指導力」，「全体としての仕事ぶり」の5項目について，回答者に「1．かなり良い」「2．やや良い」「3．どちらともいえない」「4．やや悪い」「5．かなり悪い」の5段階での評価を求めている。表4-2はそれらの項目について全体の分布を示したものである。平均値については高いほうが低評価である。全体的な傾向としてどの項目も野田内閣への評価よりも民主党政権全体への評価のほうが悪い。また標準偏差についても野田内閣のもののほうが民主党政権全体の値よりも各項目において大きいことから，野田内閣に対する評価のほうが民主党政権全体よりもやや分散が大きいことがわかる。中でも最も値が悪いのは民主党政権全体に対する外交への評価で，4.28という平均値となっている。普天間基地移設や，尖閣諸島中国漁船衝突事件などさまざまな外交案件へ

表4-2　野田内閣と民主党政権への評価：JES Ⅴネット調査（n =4299，単位：％）

政策	内閣	かなり良い	やや良い	どちらともいえない	やや悪い	かなり悪い	平均	標準偏差
財政政策	野田内閣	0.9	9.5	30.5	30.5	28.5	3.76	.999
	民主党政権	0.4	5.9	22.9	36.2	34.6	3.99	.920
景気対策	野田内閣	0.4	4.4	26.0	35.1	34.0	3.98	.902
	民主党政権	0.3	3.3	20.7	36.1	39.6	4.11	.867
外交	野田内閣	0.4	5.2	19.6	30.4	44.4	4.13	.932
	民主党政権	0.3	3.0	16.3	29.6	50.8	4.28	.862
政治指導力	野田内閣	1.0	9.9	25.4	30.5	33.1	3.85	1.026
	民主党政権	0.4	4.3	18.9	34.4	42.0	4.13	.893
全体としての仕事ぶり	野田内閣	0.8	12.0	27.1	31.6	28.5	3.75	1.024
	民主党政権	0.3	4.7	19.2	35.1	40.7	4.11	.895

データ出所：JES Ⅴ 2012年ネット調査

の対応などが，厳しく評価されているのであろう。野田内閣については各項目の中で，「全体としての仕事ぶり」への評価が3.75と最も良いが，「どちらともいえない」が3点であるから，「やや悪い」のほうに寄っている分布である。

では，2009年に民主党に投票していた有権者はこれらについてどのような評価を下しているであろうか。表4-3はそれを2012年総選挙での投票選択ごとに示したものである。上段は野田内閣についての評価，下段は民主党政権全体への評価を示している。平均値と標準偏差は表4-2と同様に求めたものである。まず上段の野田内閣に対する評価から見よう。いずれの評価項目においても当然のことながら民主党への投票を継続した層の評価が相対的に高く，それ以外の政党に投票ないしは棄権した層の評価は1ポイント近く悪い。もっとも民主党に投票を継続した層でさえ，最も良い評価が「全体としての仕事ぶり」における2.90であり，評価としてはほとんど「どちらともいえない」に近い値である。民主党以外の投票先による評価のばらつきは，最も大きなものが外交におけるみんなの党と国民の生活が第一の0.22で，それ以外の項目においてもさほど顕著なものとはいえない。

下段の民主党政権全体についての評価を見ると，表4-2と同様に野田内閣に対する評価よりも総じて厳しいことがわかる。ここでももっとも評価が

表4-3　2009年民主党投票者の野田内閣，民主党政権評価

	2012年投票先	財政政策 平均値	財政政策 標準偏差	景気対策 平均	景気対策 標準偏差	外交 平均	外交 標準偏差	政治指導力 平均	政治指導力 標準偏差	全体としての仕事ぶり 平均値	全体としての仕事ぶり 標準偏差
野田内閣	民主党	2.97	0.929	3.32	0.833	3.45	0.926	3.14	1.089	2.90	0.950
	自民党	3.95	0.912	4.20	0.776	4.39	0.851	3.95	0.971	3.96	0.960
	みんなの党	3.89	0.914	4.15	0.792	4.43	0.756	3.93	0.991	3.90	0.928
	日本維新の会	3.86	0.957	4.11	0.858	4.26	0.892	3.98	1.025	3.85	0.965
	日本未来の党	3.98	0.938	4.18	0.855	4.21	0.958	4.09	0.953	4.05	0.905
	棄権	3.87	0.945	4.08	0.833	4.36	0.855	4.04	0.916	3.96	0.958
民主党政権全体	民主党	3.25	0.933	3.45	0.847	3.66	0.931	3.51	0.961	3.36	0.925
	自民党	4.21	0.819	4.38	0.716	4.55	0.700	4.42	0.765	4.45	0.739
	みんなの党	4.19	0.794	4.30	0.719	4.51	0.651	4.30	0.782	4.26	0.777
	日本維新の会	4.11	0.837	4.25	0.792	4.40	0.763	4.26	0.805	4.25	0.785
	日本未来の党	4.02	0.916	4.16	0.826	4.27	0.863	4.17	0.886	4.15	0.897
	棄権	4.08	0.891	4.16	0.869	4.40	0.801	4.25	0.876	4.19	0.857

データ出所：JES Ⅴ 2012年ネット調査

厳しい項目は，やはり表4-2と同様に外交である。特に自民党に流出した層の評価がもっとも悪く4.55である。外交は投票先による評価のばらつきも最も大きく，自民党流出層の4.55に対して日本未来の党への流出層においては4.27であり，その差は0.28である。

民主党政権への評価がこれだけ惨憺たるものであれば，その政権担当能力評価にも当然大きく影響しているであろう。民主党政権に対する評価は，政権担当能力への評価をどのように変えたであろうか。表4-4は2007年参院選後調査からこれまでの政権担当能力評価を，自民党，民主党，みんなの党（2010年から），日本維新の会（2012年から），そして2007年から新たに追加された「そのような政党はない」という回答選択肢のそれぞれについて，選択率の変遷を見たものである。この表が明らかに示すように，民主党に対して政権担当能力を認める回答者は2010年の59.3％から2012年の15.3％に激減している。この値は2012年に新たに登場した日本維新の会の19.5％を下回っているだけではなく，2001年参院選時点で民主党自身が得ていた20.8％よりも低い値である。またみんなの党も13.2％を記録しており，民主党とは微差となっている。政権を奪い返した自民党の政権担当能力を評価する回答は2010年から2012年にかけて，56.7％から59.7％と微増している。

この表4-4においてもう1点注目すべき点は，「そのような政党はない」という回答の選択率が，2012年において28.9％を示していることである。過去は5〜6％台であったこの数値がここに来て3割に近づいていることは，政権選択という選挙の機能や政党に対する信頼が大きく損なわれていることをうかがわせる。次節以後，本章はこれら政権担当能力をすべての政党に認めない人々とそれ以外の人々を比較する形で，2012年時点の政治不信について検討してゆく。

表4-4　政権担当能力評価の変遷（2007年〜2012年まで）（単位：％）

政党名	'07年参院選後	'09年衆院選前	'10年参院選前	'12年衆院選後
自民党	71.1	62.3	56.7	59.7
民主党	50.1	55.6	59.3	15.3
みんなの党	—	—	9.3	13.2
日本維新の会	—	—	—	19.5
そのような政党はない	5.2	5.7	6.7	28.9

データ出所：JES IV, V調査

3．政権担当能力のある政党の不在と政治不信

　政権担当能力のある政党がないという人々と，そうでない人々との間で政治満足度に違いはあるだろうか。図4-1は政権担当能力のある政党がないと答えたかどうかと，政治満足度との関連を見るためのクロス表分析の結果をまとめたグラフである。χ自乗検定の結果は統計的に有意だが，これは標本規模が4299と大きいためであろう。関連性の強さを示すクラメールのVは.114，ガンマ係数も.137であり決して大きな値ではない。図から読み取れるのは，全体のほぼ8割近くが政治に対して不満だが，図中「言及あり」と表記されている政権担当能力のある政党がないと考えている人々においては，「かなり不満」と答える割合が相対的に高く，半数を超えていることである。ただし，この人々においては逆に「やや不満」が少なめであり，それ以外の「満足」ないし「どちらでもない」と答える割合がことさらに少ないわけではない。

　政権担当能力のある政党がないと答える人の増加は政治家への不信にもつながっているかもしれない。JES調査には回答者に，「今の日本の政治家は，あまり私たちのことを考えていない」という文に対する賛否を，「そう思う」「どちらかといえばそう思う」「どちらともいえない」「どちらか

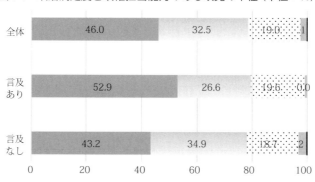

図4-1　政治満足度と政権担当能力のある政党の不在（単位：%）

データ出所：JES Ⅴ 2012年ネット調査

といえばそう思わない」「そう思わない」の5つから選んでもらうという設問がある。この設問への回答と，政権担当能力のある政党がないと答えたかどうかについてのクロス表分析の結果が図4-2である。クラメールのVは.180, ガンマ係数が-.321である。見てのとおり，政権担当能力のある政党がないと答えた「言及あり」集団において「そう思う」という回答が62.1％と政治家不信が突出して高いことがわかる。

なおこの政治家不信について，2007年からのJESデータと比較して変化を見たものが図4-3である。2012年において（面接とネットという調査形式の違いはあるにせよ）政治家不信が顕著に高くなっていることがわかる。

またJES V調査では日本の民主主義への満足度を回答者に尋ね，「かなり満足している」「ある程度満足している」「あまり満足していない」「ほとんど満足していない」の中から選ばせている。この設問への回答と，政権担当能力のある政党がないと答えたかどうかについてのクロス表分析の結果を図4-4に示している。クラメールのVは.148, ガンマ係数が.281である。

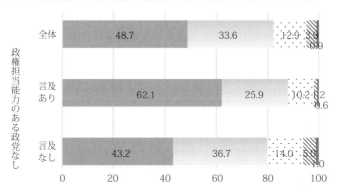

図4-2　政治家不信と政権担当能力のある政党の不在（単位：％）

データ出所：JES Vネット調査

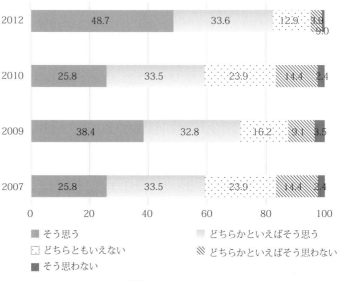

図4-3 政治家不信の変遷：2007年〜2012年（単位：％）

データ出所：JES Vネット調査

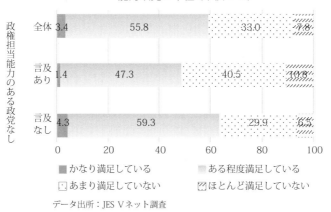

図4-4 日本の民主主義への満足度と政権担当
能力政党の不在（単価：％）

データ出所：JES Vネット調査

政権担当能力のある政党がないと回答した集団はそれ以外の集団と比べ，「ほとんど満足していない」「あまり満足していない」という回答がいずれ

も多い。政権担当能力のある政党がないと考える集団においては過半数が日本の民主主義に対して不満を持っている。対照的に政権担当能力のある政党がないと答えなかった集団においては，6割以上が「満足」している。ただしこの両集団を併せた全体では，「満足」との回答は6割に満たない。

　日本の民主主義に不満があるとして，それはどの部分により多く向けられるのであろうか。JES Ⅴ調査では民主主義を支える制度や組織，団体への信頼について尋ねる設問がある。ここではそれらの中から中央政治に関連する，国の政治，選挙制度，間接代議制，政党，国会，裁判所，中央官庁の7つを取り上げ，政権担当能力のある政党がないと考えるかどうかで，これらへの信頼がどう異なるかを確認する。回答者はこれらの項目に対する信頼度を0（信頼していない）から10（信頼している）までの11点尺度で評価することを求められている。

　表4-5はそれらの信頼度評価についての平均値と標準偏差を示したものである。7つの評価対象すべてにおいて，「言及あり」すなわち政権担当能力のある政党がないと答えた回答者集団の信頼が低いことがわかる。この集団が7つの評価対象の中で最も低く評価しているのは，平均値3.44の政党である。また国会も平均値が3.45で政党と大差ない低評価である。これに続くのが国の政治，すなわち国政全般で，平均値が3.49となっている。逆に，相対的に高評価なのは裁判所（平均値5.13），選挙制度（同4.35），間接代議制（同4.30）であるが，裁判所以外はいずれも平均値が5に満たない。すなわちどちらかといえば信頼されていないということになる。

　対照的に政権担当能力のある政党はないという項を選択しなかった「言及なし」層においては，平均値が5を超える対象がいくつかある。平均値の高い順に挙げれば，裁判所（5.90），選挙制度（5.25），間接代議制（5.05）の3つである。逆に平均値が低いのは国会（4.39），国の政治（4.45），政党（4.47）である。

　中央官庁は，政権担当能力のある政党がないと考える回答者とそうでない回答者の双方において，政党や国会よりも高い信頼度を示しているが，裁判所，選挙制度，間接代議制などには及ばない。政権担当能力のある政党がないと考える回答者とそうでない回答者との間で，評価が最も離れているのは当然であるがやはり政党である。政党，特に民主党勢力が政権担当能力を有権者から評価されなくなったことの影響がここに明らかである。

表4-5　政治的信頼と政権担当能力のある政党の不在

信頼の対象	政権担当能力の ある政党なし	平均値	標準偏差
国の政治	言及なし	4.45	2.11
	言及あり	3.49	2.03
選挙制度	言及なし	5.25	2.17
	言及あり	4.35	2.17
間接代議制	言及なし	5.05	1.99
	言及あり	4.30	2.06
政党	言及なし	4.47	2.07
	言及あり	3.44	2.03
国会	言及なし	4.39	2.09
	言及あり	3.45	2.08
裁判所	言及なし	5.90	2.21
	言及あり	5.13	2.27
中央官庁	言及なし	4.85	2.17
	言及あり	4.07	2.11

データ出所：JES Ⅴ 2012ネット調査

4．まとめ

　2012年総選挙は，日本人のマジョリティが政権担当能力を認めることのできる政党が，再び自民党以外にいなくなった選挙であった。そしてそのことの影響は政治不満，政治不信などと強く関連していることが本章の分析で示された。そして政権担当能力をもつ政党がないと考える有権者の政治不信は，選挙制度や間接代議制といった民主制度の根幹にも及んでいる。この選挙における投票率の低さが，選挙制度や間接代議制への不信に裏打ちされたものであれば，それは日本の民主主義体制の正当性に黄信号が点ったといえるかもしれない。

　この現象が一時的なものであれば問題は大きくない。しかしながら，2014年総選挙の投票率は2012年総選挙の59.32％よりもさらに低い52.66％であり，問題は深刻化している恐れさえある。よって次章では2014年総選挙における棄権を中心的な分析対象として取り上げ，日本における政治不信との関連を確認することとする。

第5章
2014年総選挙における政治不信と投票参加

1．問題設定と仮説

　前章において見られたように，2012年総選挙では，政権担当能力を国民の多数から認められている政党は自民党のみとなっていた。同時に，すべての政党に政権担当能力を認めないという回答が3割近くにまで増えていた。このような状態が恒常化するということは，「政権交代可能な二大政党制」がリアリティを持たず，自民党の一党優位状態が復活するということであり，有権者にとって選挙による政権政党のアカウンタビリティが期待できなくなることを意味する。
　2014年総選挙は第2次安倍晋三内閣が国民にその評価を問うた選挙ということになる。この選挙は安倍政権にとって勝利ではあったが，前章で述べたように投票率は前回の2012年総選挙に続いて戦後最低を更新した。もし前章の分析が示したような状態が2014年においても継続しているのであれば，今回の選挙もまた現政権以外の政権がありえないという意味で，少なからぬ有権者にとって「有意義な選択(meaningful choice)」の存在しない選挙であったことになる。
　本章ではあらためて2014年総選挙における有権者の政党に対する政権担当能力評価，特に政権担当能力がある政党が存在しないと回答した有権者に注目する。そしてそのことが2014年総選挙における低投票率と深く関連していることを示す。これを仮説として表現すれば，「政権担当可能な政党が存在しないという認識は有権者を棄権に向かわせる」となる。もちろんこれ

以外の要因も棄権の選択には影響するであろう。それらを本章は統制要因として捉える。次の第2節で分析モデル構築のための理論的検討を行い，第3節でデータの分析結果を提示する。分析に用いるデータはJES Vによる選挙前後のパネル調査である[1]。

2．理論的検討と分析モデルの設定

　投票参加を説明する理論は多様である(山田2016，第3章)が，ここではシドニー・ヴァーバらが政治参加を説明する一般的なモデルとして定式化したシヴィック・ヴォランタリズム・モデル(civic voluntarism model)から議論を始める(Verba, Schlozman, and Brady 1995)。このモデルは政治参加を説明する要因(市民が政治的に活発化する要因)を①資源，②政治的関与ないし指向，③リクルートメント(動員)の3つに大別している。資源は参加の可能・不可能("They can't")を決めるもので，具体的には時間，金，市民的技術(civic skills)が例として挙げられている。これら3つの要因のうち，本章の問題意識から注目すべきは②の政治的関与ないし指向ということになるだろう。本章の中心仮説は先に述べたように「政権担当可能な政党がないという認識は有権者を棄権に向かわせる」である。すなわち，政権を任せられる政党が見当たらない場合，有権者は投票所に向かう意欲を失うのではないかということである。

　もちろん，投票意欲に関連する要素はこれにとどまらない。まず根本的に政治や選挙自体への関心が希薄であれば，政治的状況や政治アクターへの認識に認知資源を割り当てることもしないであろうから，投票にも行かないと推測される。よって政治関心は統制変数として投入されるべきであろう。また，投票を市民の義務として捉えこれを履行しようとする有権者の存在は知られているところであるので(蒲島1988)，投票義務感も投入する。

　前章の分析から，政治満足度，政治的信頼，政党支持なしなどは政権担当可能な政党の不在との関連が示唆されていたので，これらの変数も投入する

---

[1] 楽天リサーチ社のパネルから実際の人口分布に従って性別，年齢，居住地域によって割り当てられた標本で，標本規模は2786である。なお年齢は20代から60代までが対象で，70代以上は含まれていない。

必要がある。加えて棄権者が政治からの疎外感を投票者よりも強く感じている可能性があるので，政治疎外，政治的有力感などに関連する変数をモデルに含めることとする。

先に紹介したシヴィック・ヴォランタリズム・モデルにおいては資源と動員も重要な要因である。ただしこれらについての情報は今回のデータには含まれていないので，本章の分析からは割愛する。

これらの要因に加えて，安倍内閣支持とリスク態度に関する変数を投入する。前者は棄権が安倍内閣に対する信頼と関連しているかどうかを確認するためである。棄権者が政治に疎外感を持っているのであれば，内閣支持にもその影響は出ると推測されるためである。リスク態度については飯田 (2016) によれば，リスク態度が中位のときに棄権率が高い。よってリスク態度については自乗項をあわせて投入する。

3．データ分析

まず本章の最も重要な変数について確認しておこう。表5-1は前章の表4-4に2014年の情報を加えたものである。見てのとおり，2012年と同様に自民党だけが過半数の有権者から政権担当能力を認められている。58.2％という数値は2012年から微減で大差ない。民主党については2012年の15.3％からさらに12.4％まで値を下げており，評価の回復ができていないことがうかがえる。維新の党は2014年8月1日に日本維新の会と結いの党が合流する形で結党されたが，その政権担当能力を認める回答は，表5-1を見る限り2012年における日本維新の会の19.5％に遠く及ばない8.8％でしかない。

表5-1 政権担当能力評価の変遷（2007年～2014年）（単位：％）

政党名	'07年参院選後	'09年衆院選前	'10年参院選前	'12年衆院選後	'14年衆院選後
自民党	71.1	62.3	56.7	59.7	58.2
民主党	50.1	55.6	59.3	15.3	12.4
みんなの党	―	―	9.3	13.2	―
日本維新の会	―	―	―	19.5	―
維新の党	―	―	―	―	8.8
そのような政党はない	5.2	5.7	6.7	28.9	32.4

データ出所：ネット調査

そして本章の分析にとって最も重要などの政党にも政権担当能力を認めない「そのような政党はない」という回答の割合は，2014年時点で32.4%を示している。これは2012年の28.9%よりさらに高い値である。

この結果と先の理論的検討を踏まえて分析モデルを設定しよう。被説明変数は2014年総選挙における投票である。これは選挙後調査のＱ１を投票と棄権の２値変数（投票＝０，棄権＝１）に再コードしたものを用いる。説明変数は以下のとおりである。なおすべての説明変数は選挙前調査のものを用いている。

- 政権担当能力評価「そのような政党はない」（Q17-9，言及の有無による二値変数）。
- 政治関心（Q32，４点の順序尺度。数値が大きいほど無関心）。
- 投票義務感（Q3，３点の順序尺度。数値が小さいほど義務感が強い）。
- 政治満足度（Q31，５点の順序尺度。数値が大きいほど不満が強い）。
- 政治的信頼（Q43-1〜４。政権担当政党，既成政党，政党・政治家，選挙などの間接代議制に対する信頼を４点の順序尺度でたずねている。数値が大きいほど不信）。
- 政党支持なしダミー変数（Q7.9）。
- 政治的疎外（Q37.1「今の日本の政治家は，あまり私たちのことを考えていない」に対する同調度を５点の順序尺度で測定。数値が大きいほど不同意（疎外を感じていない））。
- 政治的（内的）有力感（Q37.12「政治や社会についていろいろなことが伝えられているが，どれを信用していいかわからない」という文への同調度を５点の順序尺度で測定。数値が大きいほど不同意（有力感が高い））。
- 安倍内閣支持（Q33，４点の順序尺度で値が大きいほうが強い不支持）。
- リスク態度１（Q51において「成功すれば効果は大きいが，失敗する可能性が高い政策」を選択したら１，それ以外を０とするダミー変数）
- リスク態度２（Q52「虎穴に入らずんば虎児を得ず」という回答に対する「同意」から「同意しない」までの５点の順序尺度とその自乗項。

これらの説明変数を投入したロジスティック回帰分析の結果を以下に示す。まず回帰係数を中心に示した表5-2から見ていく。本章における最も重

表5-2 2014年衆院選における投票−棄権のロジスティック回帰分析

説明変数	回帰係数	オッズ比	有意確率
政権担当能力のある政党なし	.563	1.757	.000
政治的(無)関心	.618	1.855	.000
投票義務感	1.233	3.430	.000
政治(不)満足度	−.043	.958	.534
不信：政権担当政党	.206	1.229	.078
不信：既成政党	−.146	.864	.243
不信：政党・政治家	−.094	.910	.432
不信：選挙などの間接代議制	.237	1.268	.023
支持政党なし	.111	1.117	.320
今の日本の政治家は、あまり私たちのことを考えていない	.212	1.236	.001
政治や社会についていろいろなことが伝えられているが、どれを信用していいかわからない	−.102	.903	.074
安倍内閣(不)支持	−.166	.847	.042
リスク態度1：ハイリスク・ハイリターンな政策	.166	1.180	.159
リスク態度2：虎穴に入らずんば虎子を得ず	.339	1.403	.204
リスク態度2：2乗項	−.067	.935	.147
定数	−5.488	.004	.000
−2対数尤度	2624.947		n=2786
Cox-Snell R^2		.228	
Nagelkerke R^2		.326	

要な変数である「政権担当能力のある政党なし」は統計的に有意な正の係数を持っている。すなわち，政権担当能力のある政党がないと判断する有権者は，そうでない有権者よりも棄権する確率が高くなることが示されている。政治関心も想定どおりで，関心がない有権者は棄権する確率が高い。投票義務感は弱いほど棄権の確率が高まる。

　政治満足度については有意な係数ではないので，この係数が0であるという帰無仮説を棄却できない。政治的信頼関連の4変数については，政権担当政党への不信は棄権の確率を高める可能性があるが，有意確率は5％の有意水準を満たさない。既成政党や政党・政治家への不信に関する係数は投票確率を高める方向に出ているが，これも統計的に有意ではない。一方，選挙などの間接代議制において不信が現れるほど棄権の可能性が高まる方向で，5％の有意水準を満たす係数を示している。支持政党がないことは，それ自体では投票−棄権の説明には貢献していないようである。また，「今の日本

の政治家は，あまり私たちのことを考えていない」という政治家不信が強いほど(つまりこの変数の値が小さいほど)，投票する方向に有意な効果(1％水準)を持っているようである。「政治や社会についていろいろなことが伝えられているが，どれを信用していいかわからない」については回帰係数が負なので，そう思わないほど(有力感が高いほど)投票する傾向を示している。ただしこの係数も5％の有意水準は満たさない。安倍内閣支持については，批判的であればあるほど(数値が高いほど)むしろ投票する傾向が現れている。この係数は5％水準で統計的に有意である。リスク態度についてはどの変数も有意な係数を示していない。

ただこの分析には問題もある。表5-3は表5-2の係数を基にした実際の投票－棄権の判別結果である。データにおいて実際に投票したと答えたのは1984名(1818＋166)であったが，モデルによって正確に判別されたのは1818ケースであり，的中率は91.6％である。問題は棄権の予測で，データにおいて棄権を申告していたのは802(456＋346)名であったのに，そのうち正確に判別できたのは346ケースと43.1％の的中率にとどまっている。この結果，全体として正しく判別ができた的中率は表中にあるとおり，77.7％となっている。

このような結果になる理由としてはいくつか考えられる。第1には投票－棄権があくまで自己申告であるために，社会的望ましさの点から投票したという虚偽の申告が存在するという可能性である[2]。この問題は面接調査において顕著であるのに対して，面接員を介さないネット調査では少なくなると通常は考えられている(飯田2013b，西澤・栗山2010)。実際，本章で分析しているデータでは，棄権したという申告は28.8％(802件)存在するが，このような棄権の申告率は面接調査ではまず出ない高い値である。もう1つの可能性は，本来モデルに含まれるべき説明変数が

表5-3 ロジスティック回帰分析による判別結果

		予測		
		投票	棄権	的中率(％)
観測	投票	1818	166	91.6
	棄権	456	346	43.1
			的中率	77.7％

---

2 リスト実験によって投票参加についての過大申告によるバイアスを軽減させる試みとして善教(2016)を参照。

投入されていないという問題である。ここでの分析モデルにおいては，投入された変数が投票－棄権にかかわる指向のものに限定されており，シヴィック・ヴォランタリズム・モデルでいうところの資源と動員の要素が欠落している。このうち特に動員は，投票参加を説明する重要な要素として認識されている (Green and Gerber 2008)。ただし動員変数の投入は，投票を申告していた層を棄権と誤判定するケースを減らすことはできるであろうが，棄権と申告している事例を投票と誤判定するケースを減らすとは考えにくい。そう考えると資源の問題かもしれない。いずれにせよ棄権を説明するための変数をさらに追究する必要があるだろう。

　以上のような問題を抱えた推定結果ではあるが，政権担当能力を持つと思われる政党がないことが棄権の発生確率を高めることは確認できた。民主党が政権担当能力評価を失ったことは，日本の選挙と民主制の正当性と信頼性を弱めたおそれがあることが，本章の分析より示唆される。

第6章
一党優位政党制の復活[1]

　2014年の衆院選後も民主党には復調の兆しはなく，2016年3月27日に維新の党を吸収し，民進党に党名を変えて2016年の第24回参議院通常選挙に臨んだ。しかしここでも，得票水準そのものは2013年から回復したものの，改選数の45議席を維持することはかなわず，32議席の獲得にとどまった[2]。

　表6-1は2016年参院選における有権者の各政党に対する政権担当能力評価を示したものである。もととなるデータはJES Vによる2016年参院選前に実施した郵送調査である[3]。回答者の7割以上が自民党に政権担当能力を認める一方，第2党の民進党にそれを認める回答は約16％しかない。また前章で問題としたすべての政党に政権担当能力を認めない回答は約2割であ

1　本章はYamada（2016）をもとに加筆修正を加えたものである。
2　2016年参院選比例区において民進党は約1157万票を獲得した。これは2013年参院選比例区における民主党の得票が約713万票であったのに比べて400万票以上を上乗せしていることになる（総務省『第24回参議院議員通常選挙結果調』，http://www.soumu.go.jp/senkyo/senkyo_s/data/sangiin24/index.html）。
3　JES Vでは2013年参院選と2016年参院選を対象にそれぞれ選挙前，選挙後と郵送によるパネル調査を行っている。2013年には地域別・性別に4000名を割り当てて無作為抽出を行い，選挙前調査では2696，選挙後調査では2597名から回答を得た。2016年参院選ではこの2597名の継続回答者から，高齢者の継続サンプルから1割程度を除いた上で，新規サンプルを加えて4000名からなる新規標本を作成し，調査を行っている。選挙後調査の回答者数は2782名となった。

表6-1 各政党に対する政権担当能力評価

政党名	%
自民党	71.2
民進党	15.9
公明党	5.8
共産党	3.5
おおさか維新の会	8.3
そのような政党はない	19.9
	n=2893

データ出所：2016年参院選挙前調査
（郵送）

る。調査のモードが前章で用いたインターネット調査とは異なるので直接的な比較はできないが，自民党だけが国民の多数から政権担当能力を認められているという状態が継続しているとは言えるであろう。

21世紀になって日本は選挙による政権交代を2度経験した。1度目は2009年における自公連立から民主党中心の連立への政権移行であり，2度目は2012年総選挙による民主党から自公連立への政権移行である。通常の二大政党制であれば，ここで民主党が野党第1党として次の政権を狙うところであるが，これまで見てきたとおり，民主党は民進党と党名を変更してからも，政権担当能力を持つ自民党に変わる選択肢としては認知されていない。衆議院選挙制度が中選挙区制から現行の小選挙区比例代表並立制に移行してから，衆議院選挙における選挙結果は選挙区要因よりも全国的な要因で大きく変動するようになった(McElwain 2012)。このような現象を全国化(nationalization)と呼ぶが，2012年以後の民主党－民進党はこの全国化によるナショナル・スウィングに吹き飛ばされたまま，2016年参院選を過ぎてなお立ち直る気配をいまだ見せていない。

なぜ日本政治は選挙制度を変えてなお，政権交代可能な二大政党制を保ち得ないのであろうか。なぜ自民党を中心とする政権に対抗しうる選択肢を持てないのであろうか。この疑問自体はいまだ解かれざる日本政治のパズルであり，有権者側からのみならず政治家や政党側の戦略といった視点からも検討されるべきテーマである。

本章はこの問題に直接答えることはできないが，この問題を考える上で重要と思われるいくつかの指標について，特に政権交代期におけるサーヴェイ・データの蓄積を概観することで日本における二大政党制の瓦解を確認する。ここではまず第1に内閣支持率と不支持率を取り上げる。この指標は首相の指導力などを理解するうえで昨今，きわめて重要な指標となっている（前田2011）。支持率の高い首相は党内に対して強いリーダーシップを発揮できるのに対して，そうでない首相は特に選挙が近くなればなるほど党内外からの退任圧力に直面する。首相が高い内閣支持率を背景に党内の反対も含

めた反対者を押し切り，リーダーシップを行使することは，しばしばポピュリズムと評される。特に小泉純一郎が首相として行使したリーダーシップはそのように解される（大嶽2003，同2006）。首相評価が選挙の全国化現象において重要な要因であることは疑いないし，自民党の組織力が低下していれば，与党の議員や候補者はますます首相の人気に頼りたくなるであろう[4]。

加えて本章は各政党に対する有権者の支持率にも注目する。これは2つの観点から重要な指標である。第1は政党システムの観点である。ウェストミンスター・モデルが想定するような安定した二大政党制のためには，野党第一党に対して有権者側から一定の支持を確保する必要があるだろう。第2の観点は無党派層の大きさである。投票に行く無党派層が多ければ多いほど，選挙結果が大きく変動する可能性は増大する。

有権者からの人気が重要なのは首相に限らず，野党党首にとってはなおさらである。なぜなら首相や内閣の動きは頻繁にメディアが取り上げるが，野党についてはそれほどではない。しかしながら国民に人気のある人物が野党の党首であれば，そうでない場合以上にメディアは野党をとりあげ，有権者にアピールしやすくなる。また投票行動の説明にあたっても党首評価は一定の効力を有する（Aarts, Blais, and Schmitt 2011）。このような人気の指標としては感情温度計がある。感情温度計は通常，0度から100度の間でアクターに対する好悪を示してもらう指標である（50度が「好きでも嫌いでもない」状態）。この指標はJESプロジェクトによって長らく測定されてきた。

以下，これらの指標についてそれぞれみていく。

1．内閣支持と不支持

表6-2は1960年6月から2016年9月までの時事通信社による月例の世論調査の結果を首相ごとにまとめたものである。時事世論調査は成人を対象として2000人の標本に対して面接調査を行っている。調査が始まったのが1960年6月からなので，当時首相であった池田勇人内閣から調査対象と

---

[4] 日本人の投票行動における首相効果の重要性を検討した研究の嚆矢として，荒木ほか（1983），蒲島・今井（2001）を参照されたい。

表6-2　内閣支持と不支持（1960年6月〜2016年9月）

首相	首相の出身政党	支持率(%) 平均値	標準偏差	不支持率(%) 平均値	標準偏差	調査対象月数
池田勇人	自民党	41.0	4.0	27.8	4.4	52
佐藤栄作		35.0	6.7	33.3	9.1	92
田中角栄		28.6	16.0	44.2	17.3	29
三木武夫		30.6	5.9	31.9	7.7	25
福田赳夫		27.4	3.2	39.0	4.6	24
大平正芳		30.1	5.1	37.1	9.0	19
伊東正義(首相臨時代理)		43.1	—	18.1	—	1
鈴木善幸		31.2	5.6	34.7	7.6	28
中曽根康弘		40.7	7.0	33.3	7.3	59
竹下登		30.3	11.4	40.0	44.0	19
宇野宗佑		14.8	12.3	56.9	25.7	2
海部俊樹		43.1	6.7	31.6	4.8	27
宮沢喜一		25.6	8.7	52.6	38.6	21
細川護熙	日本新党	59.0	7.4	19.9	15.6	9
羽田孜	新生党	40.8	0.1	31.4	5.2	2
村山富市	社会党	34.9	3.9	39.2	4.8	18
橋本龍太郎	自民党	38.1	6.4	37.3	7.9	31
小渕恵三		33.2	8.1	39.2	9.2	20
森喜朗		19.8	6.6	56.1	15.4	13
小泉純一郎		47.2	10.3	32.5	9.3	65
安倍晋三(第1次)		36.5	9.6	38.2	14.5	12
福田康夫		29.2	9.5	47.9	13.4	12
麻生太郎		22.3	8.6	58.0	12.2	12
鳩山由紀夫	民主党	39.8	14.8	39.4	16.8	8
菅直人		26.0	10.3	53.5	14.2	15
野田佳彦		27.1	9.0	49.6	12.9	16
安倍晋三(第2次，第3次)	自民党	49.2	6.2	29.6	6.4	45

出典：時事世論調査

なっている[5]。各首相について内閣支持率を見ると，もっとも人気があった首相は細川護熙(当時日本新党)ということになる。月別の内閣支持率の平均値が50％を超えたのは，細川のみである。衆議院選挙制度の変更を含んだいわゆる政治改革関連法案を通過させたのはこの内閣であるが，9ヵ月の短命

---

[5] データの多くは増山幹高(政策研究大学院大学)，前田幸男(東京大学)両氏からの提供による。記して謝意を表する。

政権に終わっている。逆に言えばこの内閣が総辞職したのは国民の不人気によるものではない。

現行の小選挙区比例代表並立制に移行した1996年総選挙以後，小泉内閣までは支持率の平均が40％を超えたものはない。小泉内閣支持率の平均値47.2％は自民党が首相の座を取り返した橋本内閣から麻生内閣までの期間において最も高い。しかし一方で，これらの内閣の中で最も支持率の変動が高いのも小泉内閣であることは，標準偏差を見ればわかる。ポピュリスティックと言われた小泉内閣の支持率は，決して高値安定ではなかったのである。

小泉内閣以降の第1次安倍内閣から麻生内閣までは，内閣支持率が低下していくとともに，不支持率が支持率を上回っている。ただ不支持率の平均が支持率の平均を上回ること自体は，中選挙区制度の時代には珍しいことではなかったこともこの表から読み取ることができる。田中角栄から鈴木善幸まではそれが常態であったし，竹下内閣から宮沢内閣に至っても同様であり，自民党政権の運営にあたって安泰の時期のほうがはるかに短いことがわかる。支持率を不支持率が大きく上回るという意味では宇野内閣と森内閣が顕著であり，これらの内閣が短命であったこともうなずける。麻生内閣は不支持率の平均が58.0％と，調査対象となっている内閣の中で最も高い平均値を示している。

民主党政権期の内閣では鳩山内閣が最も高い支持率の平均値を示している(39.8％)が，この政権は調査対象期間としては8ヵ月の短命に終わった。この内閣について月例の値の変動を見ると，最初の月である2009年10月では支持率が60.6％，不支持率が15.6％であった。しかし最後の調査月である2010年5月の段階では支持率が19.1％，不支持率が64.1％となっており，最初と最後で支持率と不支持率が入れ替わるような結果となっている。その後の菅内閣は支持率の平均が26.0％，不支持率の平均が53.5％にまで上っている。野田内閣では支持率平均，不支持率平均とも菅内閣よりわずかに良い程度である。

ここで最も興味深いのは民主党政権後の第2次，第3次安倍晋三内閣の値である。この時期の安倍内閣の支持率平均値は49.2％であり，小泉内閣期よりも高い。かつその標準偏差は6.2であり小泉内閣よりも4ポイントほど小さい。つまり第2次以降の安倍内閣は小泉内閣よりも安定的に高評価なの

表6-3 安倍内閣評価の相関分析

	財政政策	景気対策	外交	政治指導力	全体
財政政策	1	.760**	.542**	.611**	.729**
景気対策	.760**	1	.558**	.621**	.745**
外交	.542**	.558**	1	.712**	.705**
政治指導力	.611**	.621**	.712**	1	.806**
全体	.729**	.745**	.705**	.806**	1

n=2902　**：有意水準1%

データ出所：2016年参院選前郵送調査（JES Ⅴ）

である。そのことは不支持率にも現れている。第2次以降の安倍内閣の不支持率平均は29.6％であり、これは小泉内閣の32.5％よりも低い。不支持率の標準偏差も小泉内閣の9.3％に対して、第2次以降の安倍内閣は6.4％である。すなわち第2次以降の安倍内閣に対する評価は、小泉内閣のそれよりも高値で安定している。

では安倍内閣はなぜ評価されているのだろうか。表6-3は安倍内閣に対する5つの評価項目間（財政政策、景気対策、外交、政治指導力、全体）の相関を示したものである。全体の評価と最も関連しているのは政治指導力ということになる（相関係数0.806）。この政治指導力と全体評価を除いて最も関連が強いのは外交（相関係数0.712）である。この限られたデータからの推測としては、外交についての評価が政治指導力に対する評価に結びついて、内閣全体の評価を支えているのではないかということになる。

次節では自民党と民主党を中心とした政党支持率ならびに無党派層の割合について確認する。これらを確認することで自民党や民主党（民進党）への支持がどれほど底堅いか（あるいは脆弱か）について推論することができるだろう。

2．政党支持と無党派層

表6-4は森内閣から現在の第3次安倍内閣までの期間における自民党、公明党、民主党・民進党、および支持政党なしの割合（月単位の平均値）を、内閣ごとに記したものである。データは表6-2と同じく時事世論調査である。まず自民党を見ると、森内閣から麻生内閣まで20％台の支持率を保持して

表6-4 政党支持と無党派層（森内閣から第3次安倍内閣まで）

首相	自民党 平均値	自民党 標準偏差	公明党 平均値	公明党 標準偏差	民主党・民進党 平均値	民主党・民進党 標準偏差	支持政党なし 平均値	支持政党なし 標準偏差
森喜朗	22.7	2.0	3.8	0.4	7.0	2.0	56.8	2.6
小泉純一郎	24.2	3.6	3.9	0.6	7.9	3.5	57.6	4.8
安倍晋三(第1次)	22.9	3.0	3.6	0.5	11.0	3.6	57.5	3.8
福田康夫	21.6	1.7	3.3	0.5	14.9	1.2	55.4	2.0
麻生太郎	19.4	2.6	3.8	0.6	16.2	3.6	55.3	3.3
鳩山由紀夫	14.9	1.5	3.7	0.8	23.2	4.9	52.3	5.0
菅直人	15.6	1.3	3.6	0.4	14.6	4.1	59.8	5.1
野田佳彦	13.6	1.6	3.6	0.6	9.1	2.2	67.4	2.6
安倍晋三(第2〜3次)	25.5	1.8	3.6	0.5	4.6	1.1	60.2	2.7

出典：時事世論調査

いたが，麻生内閣から野田内閣期までは10％台に低迷している。興味深いことに民主党政権期において自民党の支持率は下がっているのである。しかしこれは第2次以降の安倍内閣期において回復している。第2次以降の安倍内閣期における自民党支持率の平均値25.5％は，小泉内閣期よりも高い。

一方，民主党（2016年4月以降は民進党）であるが，森・小泉内閣期にはその支持率は1割に満たない。しかし第1次安倍内閣以後，徐々に支持率を伸ばし鳩山内閣期には23.2％を記録している。しかしこれ以後支持率は低迷し，下野した第2次安倍内閣期以降の支持率平均値は4.6％となっている。民進党への改称も支持率の増加には結びついていない。しかもこの時期の標準偏差は1.1であり，低値で安定してしまっていることが明らかである。

そして無党派層となる「支持政党なし」については，森内閣から麻生内閣にかけて50％台後半の平均値を示していたが，民主党政権の下でこの値は大きく変動している。具体的には野田内閣において平均して67.4％と7割近くが政党支持を持たなくなってしまったのである。この値は第2次以降の安倍内閣期において60.2％にまで低下している。しかし21世紀に入ってから，日本の有権者の半数以上が常時無党派層として存在しているということは，国政選挙の結果がナショナル・スウィングによって大きく変動する可能性が高いことを意味している。

3．感情温度計

感情温度計については先に述べたようにJESプロジェクトにおいて継続的に調査されてきた指標である。図6-1は2001年以後の国政選挙ごとに調査された感情温度のうち，自民党，民主党，およびそれぞれの党首についての調査時点の平均値を記したものである[6]。なお括弧内は選挙時点の首相名である。

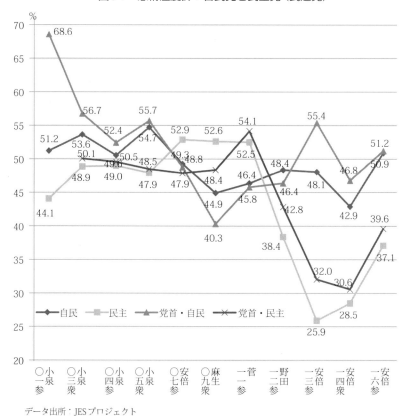

図6-1　感情温度計：自民党と民主党（民進党）

データ出所：JESプロジェクト

6　なお2001年から2009年までは面接調査，2010年から2014年まではネット調査，2016年については郵送調査の値を用いている。

この図が示すように，小泉内閣期の自民党は50度以上を記録していることから，ある程度好意的な評価を下されていたと見られる。小泉に対する感情温度も2001年がピークであり，郵政解散といわれた2005年でも55.7度にとどまっている。この値は2003年の56.7度より低い。

しかしながら第1次安倍内閣以降，自民党への感情温度の平均値は2016年参院選まで，50度を割り込み続ける。2016年になって50.9度となり回復傾向を示している。党首への感情温度の回復は党全体に対するよりも早く，2013年に55.4度を記録している。そこから2014年にいったん46.8度に落ち込んでいるが，2016年には再び50度を超えた。

一方，民主党は小泉内閣期では50度を超えなかったが，2007年から2010年までは50度を超えている。しかし2012年以降は40度にも届かない。また2013年以降の党首に対する感情温度も低く，やはり40度を超えていない。

図6-1は回答者の感情温度の平均値を示したものであった。これでは評価の分散がわからないので，それぞれの感情温度の標準偏差を図6-2に示した。注目すべきは2014年以降の安倍・自民党における標準偏差が相対的に高いことである。2005年の小泉に対する感情温度の標準偏差24.4は1つの

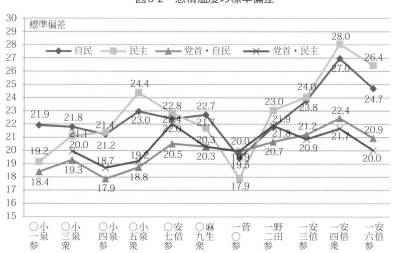

図6-2　感情温度の標準偏差

データ出所：JESプロジェクト

ピークであるが，2014年の安倍に対するそれは28.0，2016年では26.4であり，いずれも小泉を上回る。自民党への感情温度の標準偏差も党首へのそれに近い動きを示している。すなわち安倍首相に対する好悪は有権者の間でこれまでのほかの内閣以上に分かれている傾向がここに示されている。ただこの傾向は2016年にはやや弱まる。同時に2016年においては安倍首相へ

表6-5 安倍首相への感情温度の回帰分析に用いた変数の記述統計量

	2014年(n=4116) 平均値	2014年(n=4116) 標準偏差	2016年(n=2255) 平均値	2016年(n=2255) 標準偏差
感情温度計：安倍晋三	46.8	28.0	51.1	26.5
安倍内閣評価：全体	3.1	1.1	2.9	1.0
政策意見：アベノミクス	2.6	0.9	2.6	0.9
政策意見：解散総選挙の適切さ	3.0	1.0		
政策意見：消費税10%	3.0	1.0		
政策意見：TPP	2.3	1.0	2.2	0.9
政策意見：財政再建と景気対策	2.3	0.9	2.3	0.9
政策意見：集団的自衛権	2.6	1.1	2.6	1.1
政策意見：福祉と負担	2.3	0.9	2.3	0.9
政策意見：原発再稼動	2.7	1.1	2.8	1.1
政策意見：国－自治体	2.4	0.9	2.3	0.9
政策意見：憲法改正	2.4	1.0	2.4	1.1
政策意見：公的年金	2.7	0.8	1.8	0.9
政策意見：憲法96条	1.9	1.0	2.7	1.1
保革イデオロギー	6.1	2.0	5.4	1.9
景気の現状	3.7	1.0	3.6	0.9
景気：1年前との比較	3.1	1.0	3.3	0.8
景気の将来	3.3	1.0	3.4	0.9
私生活中心主義	2.6	0.9	2.5	0.8
国家：してもらいたい－したい	2.4	0.8	2.6	0.7
将来への備え－毎日の生活	2.3	0.9	2.4	0.8
全体利益－個人利益	2.4	0.8	2.4	0.7
自由時間－収入	2.8	1.0	2.8	0.9
日本：良い方向－悪い方向	2.8	0.8	2.8	0.7
愛国心涵養または放任	2.4	1.0	2.4	0.9
脱物質主義－物質主義	1.9	0.8	1.9	0.7
海外生活指向	2.6	1.1	2.8	1.1
暮らし向き：満足度	2.9	1.1	2.8	1.1
暮らし向き：1年前との比較	3.2	0.8	3.2	0.8
暮らし向き：見こみ	3.3	0.9	3.2	0.8

の感情温度平均値は46.8度から51.1度へと改善しているのである。

では安倍首相に対する好悪はいかなる要因と関連しているのであろうか。2014年，2016年のそれぞれについて安倍首相に対する感情温度を被説明変数として，回帰分析(OLS推定)を行った。説明変数としては，安倍内閣評価，政策意見(2014年については12種類，2016年についてはそこから2014年の解散総選挙に対する評価と消費税10％に対する意見を除いた10種類)，保革イデオロギー（０が革新，10が保守の11点尺度），景気認識，暮らし向き認識，価値観についての指標（９種類）を投入した。政策意見はA，B2種類の対立的な見解を回答者に見てもらい，回答者の意見がいずれに近いかを４点尺度で答えてもらったものである。景気認識と暮らし向き認識についてはそれぞれ３種類の質問に対して，良し悪しを４点尺度(数字の少ないほうが良い)で回答してもらった結果を用いている。なお各変数の記述統計量は表6-5のとおりである。

全体の分析結果は表6-6に示した。まず2014年の安倍首相に対する感情温度を被説明変数とする回帰分析について，結果を確認する。モデルの適合度を示す自由度修正済みは0.630であるので，分散の63％が説明されていることとなる。以下それぞれの説明変数ごとに見ていこう。なお表中，５％水準で統計的に有意な変数を斜体字で示している。安倍内閣の全体としての仕事ぶりは，標準化回帰係数(β)の絶対値が−0.471と最も高く，感情温度との関連性が強いと思われる。政策意見ではアベノミクスへの評価(低いほど感情温度も低い)，解散総選挙の適切さ(不適切と思うほど感情温度は低い)，財政再建と景気対策(景気対策優先なら高く，財政再建優先なら低い)，集団的自衛権(認めない人ほど低い)，原発再稼動(反対であるほど低い)，憲法改正(改憲反対は低い)，公的年金(保険料の値上げよりも消費税増税のほうが高い)，憲法96条(衆参それぞれ２分の１で発議できるようにすべきと思うほど高い)，などが他の変数の影響を統制してもなお有意な関連を有している。

保革イデオロギーも関連しており，保守的であるほど感情温度は高くなる。景気認識については，現状に対する認識は有意な関連を持たないが，１年前に比べて悪くなったと思うほど，将来を悲観する人ほど感情温度は低くなる。暮らし向きについては満足度が高いほど感情温度が高くなる傾向がある(ただし有意確率は0.057)。価値観関連変数では私生活中心主義志向の人，すなわち「A　国や社会のことにもっと目を向けるべきだ。」よりも

表6-6 安倍晋三に対する感情温度の回帰分析（2014年，2016年）

	2014年衆院選				2016年参院選			
	B	β	t値	有意確率	B	β	t値	有意確率
安倍内閣評価：全体	-11.879	-.471	-32.415	.000	-13.582	-.533	-32.442	.000
政策意見：アベノミクス	-3.272	-.108	-7.403	.000	-4.036	-.139	-9.087	.000
政策意見：解散総選挙の適切さ	-1.767	-.060	-5.075	.000				
政策意見：消費税10%	.097	.004	.328	.743				
政策意見：TPP	-.092	-.003	-.309	.757	-.071	-.002	-.205	.837
政策意見：財政再建と景気対策	-.791	-.026	-2.524	.012	-.681	-.023	-1.975	.048
政策意見：集団的自衛権	-2.304	-.089	-6.951	.000	-2.385	-.096	-5.686	.000
政策意見：福祉と負担	-.533	-.018	-1.692	.091	-.040	-.001	-.122	.903
政策意見：原発再稼動	-.616	-.024	-2.158	.031	-1.147	-.047	-3.673	.000
政策意見：国－自治体	.453	.015	1.523	.128	.045	.002	.137	.891
政策意見：憲法改正	-1.255	-.047	-4.000	.000	-2.361	-.094	-6.239	.000
政策意見：公的年金	1.061	.032	3.228	.001	-.331	-.011	-.884	.377
政策意見：憲法96条	.269	.009	.873	.383	.027	.001	.071	.943
保革イデオロギー	.722	.052	5.266	.000	.784	.057	4.973	.000
景気の現状	-.196	-.007	-.472	.637	-1.013	-.036	-2.355	.019
景気：1年前との比較	-1.111	-.040	-2.701	.007	-.267	-.008	-.581	.561
景気の将来	-.977	-.036	-2.507	.012	-1.076	-.038	-2.530	.011
暮らし向き満足度	-.606	-.024	-1.907	.057	.287	.012	.839	.401
暮らし向き：1年前との比較	-.024	-.001	-.053	.958	.571	.016	1.101	.271
暮らし向き：見こみ	-.116	-.004	-.289	.773	-.148	-.005	-.330	.742
私生活中心主義	.785	.025	2.241	.025	.787	.024	1.963	.050
国家：してもらいたい－したい	-.463	-.013	-1.265	.206	.140	.004	.329	.742
将来への備え－毎日の生活	-.788	-.025	-2.517	.012	.027	.001	.079	.937
全体利益－個人利益	.584	.017	1.610	.107	.025	.001	.060	.952
自由時間－収入	.469	.016	1.556	.120	.337	.012	1.027	.305
日本：良い方向－悪い方向	-1.788	-.051	-3.766	.000	-.990	-.027	-1.814	.070
愛国心涵養または放任	-1.866	-.064	-5.892	.000	-2.134	-.074	-6.098	.000
脱物質主義－物質主義	-.877	-.024	-2.351	.019	.344	.009	.805	.421
海外生活指向	.402	.016	1.655	.098	.322	.014	1.250	.212
(定数)	119.939		44.299	0.000	123.590		37.145	.000
自由度調整済み決定係数	.630				.743			
n	4116				2255			

データ出所：JESプロジェクト

「B 個人の生活の充実をもっと重視すべきだ」を好む人ほど，安倍首相への感情温度が高い傾向が出ている。また貯金など将来の備えか毎日の生活の充実かで，後者を選ぶほど感情温度は低い。日本が良い方向に向かっている

か，悪い方向に向かっているかの選択では，悪い方向に向かっていると思う人ほど感情温度は低い。また愛国心を育てるべきと思う人ほど，感情温度が高い。脱物質主義（「Ａ 心の豊かさやゆとりのある生活を重視したい。」）か物質主義（「Ｂ 物質的な面で生活を豊かにすることに重きを置きたい。」）では，後者を志向するほど感情温度は低い傾向がある。

　2016年の安倍首相感情温度についても傾向はほぼ同様である。モデルの適合度を示す自由度調整済み決定係数は0.743なので2014年よりもあてはまりがよい。こちらでは景気認識の変数は現状認識と将来予測が有意な関連を持つが，暮らし向きは当てはまっておらず，pocketbook（家計簿）による評価よりもマクロな経済認識と予測（sociotropic）な要素がより強く関連しているようである。

　興味深いことに私生活中心主義的態度は2014年，2016年のいずれにおいても安倍首相の感情温度に対して正の関連を有しているのに対して，国家からのサービスか，国家への貢献かを選ばせる「国家：してもらいたい－したい」および「全体利益（「Ａ 個人の利益よりも国民全体の利益を大切にすべきだ」）－個人利益（「Ｂ 国民全体の利益よりも個人個人の利益を大切にすべきだ」）は，2014年，2016年のいずれにおいても，安倍首相への感情温度に対して有意な効果を持っていない。これを見る限り，一般有権者からの安倍首相への好意は保守的ではあるが，私生活中心主義的な価値観，いわば生活保守主義に支えられているのであって，国家主義や集団主義によってではないようである。なお2014年においては有意であった「脱物質主義－物質主義」は，2016年においては有意でなくなっている。この点についての解釈は今後の課題である。

4．まとめ

　以上，内閣支持と不支持，政党支持，感情温度計という視点から，二大政党制の崩壊と一党優位政党制の復活を確認した。日本の有権者の多くは野党第一党である民進党をいまだ政権を担える政党と認知してはいないし，第2次以降の安倍内閣に対する評価は高値で安定している。この状況が短期的に大きく変わると想像することは難しく，日本の有権者は自民党に変わる政党や政権を見出せないままである。

現状の政権に変わる選択肢を提示できるような政党システムが実現するためには，野党側が支持層を拡大するとともに，有権者の多くからの信頼を回復する必要がある。ポピュリスト戦略でさえも一定の信頼に基づくからである(Yamada 2004)。しかしそれが難事であることも明らかである(Weiner 2013)。

　自民党は現時点ではきわめて強く見えるが，同時に本章の感情温度における標準偏差から，現在の安倍自民党に対する感情の分散が高いことがわかる。これは高い内閣支持率の一方で，安倍内閣に対して批判的な有権者も一定数存在していることを示唆する。スウィング・ヴォーターの分析においてわれわれは1割ほどの有権者が投票行動を変えることで，状況が大きく変わることをすでに学んでもいる。現在の安定の水面下で大変動の伏流が横たわっていることをわれわれは忘れるわけにはいかない。

　また安倍首相への感情温度を説明する回帰分析の結果は，彼に対する一般有権者の好感情が国家主義や集団主義よりも，むしろ私生活中心主義や生活保守主義的な価値観に支えられていることを示唆していた。その意味で安倍内閣が時折示す国家中心主義的な保守的価値観と，それを支持する有権者との間にはその価値観においていささかの懸隔がありそうである。野党側はその懸隔に勝機を見出すべく研鑽を積み，有権者との対話を重ねる必要があるだろう。

第7章
われわれは選択肢を持ちうるか

　以上，本書では2009年から2016年までの国政選挙について，JES調査によるデータを中心的に用いて，分析してきた。最終章である本章では各章の知見をまとめた上で，日本政治の行く末について展望するとともに，今後の研究課題を整理する。

　第1章では，自民党から民主党に投票先をスイッチしたスウィング・ヴォーターに焦点を当て，民主党が政権担当能力を広く認められたことがスウィング・ヴォーティングを説明する上で重要な変数であることを示した。ただしこのようなスウィング・ヴォーターは，他の有権者に比べて政治知識を豊かに持つわけでも高い関心を有するわけでもなかった。もちろん政治的無知が政治的無能（political incompetence）を即意味するわけではない。有権者には学習能力があり，わずかな情報から適切な推論ができるからである（Lupia and McCubbins 1998＝2005）。

　ではスウィング・ヴォーターはどのような情報をもとに，自民党から民主党に乗り換えたのか。第2章ではスウィング・ヴォーターのプロファイリングとともに，その政治的情報環境について分析を行った。その結果，スウィング・ヴォーターはテレビ朝日の「報道ステーション」を自民党に投票し続けた有権者よりも多く見ていたことがわかった。また投票選択にあたって役立ったメディアとして，スウィング・ヴォーターは自民党への投票を続けた集団に比べてテレビを挙げる割合が高めであった。第1章の分析より，スウィング・ヴォーターのうち約3割は普段政治に関心を持たないことと考え合わせると，テレビの影響は大きなものとなるのであろう。またスウィング・ヴォーターの周囲の政治的会話相手には麻生内閣支持者や自民党に投票しそ

うな人が少なく，民主党に投票しそうな人が相対的に多かったようである。またスウィング・ヴォーターで投票選択の基準を各党の政策と答えた割合が25％であった。一方，自民党への投票を継続した人々においてこのような回答は8％にとどまった。

　第3章は民主党政権として初めて迎えた国政選挙であった2010年参院選における投票行動を分析した。この選挙における投票行動は流動性が高く，2007年参院選，2009年衆院選という過去の国政選挙と異なる投票選択を行う有権者が多く見られた。またこの時点では自民党と民主党は，政権担当能力を認める有権者の割合においてほぼ拮抗していた。ただ，与党経験の長い自民党と，政権を得て1年たたない民主党との間では有権者が評価する点も異なっていた。大方の項目で自民党が高く評価されていた一方で，民主党が自民党より評価されていたのは「有権者に対する応答力」と「社会的弱者に対する配慮」であった。またこの選挙では党首評価が投票選択と強く関連していた。自民党への投票者と民主党への投票者を政策選好において比較すると，集団的自衛権の行使を認めるか否か（自民党投票者は認める方向），憲法改正（自民党投票者は前向き），普天間基地移設問題（自民党投票者は名護市への移設に賛成する傾向が強い）という差異があった。また，投票に役立った情報としてはテレビと新聞を挙げる回答が投票行動に関わりなく多かった。この選挙において民主党は1人区を多く落としたために勝ちきることができなかったが，サーヴェイ・データからはまだまだ有権者からの評価と期待を集めていたことがうかがえる。

　しかしながら民主党は持ちこたえることができず，2012年の総選挙で政権を明け渡す。第4章の分析は民主党政権の瓦解が政治不信の深化を伴っていたことを示した。この選挙から民主党は有権者の多くから政権担当能力を認められなくなり，それは民進党となった現在でも回復していない。この選挙から，それまで5％前後でしかなかった政権担当能力を持っている政党はないという回答が3割近くを占めるようになる。そして政治不満や政治家不信が高まり，間接代議制への信頼が低下を示した。

　その状態は2014年総選挙時まで続き，戦後最低の低投票率へとつながった。第5章では2012年総選挙における棄権を説明する上で，政権担当能力を持つ政党がないという有権者の認識が重要であることを示した。

　しかしながら一方で民主党から政権を奪還して以来続いている安倍内閣

は，国民から高い支持率を得ている。第6章は2012年以降の第2次および第3次安倍内閣が，少なくとも月単位の平均値で比較した場合，1960年の池田隼人内閣以来，自民党政権としては最も高い支持率を享受していることを明らかにした。その背景には安倍の政治指導力に対する評価があり，それは安倍内閣の外交姿勢に対する国民の評価と関連していることも示された。安倍内閣のもとで自民党の支持率も回復している。ただし，安倍首相に対する感情温度を分析すると，2000年代になってからの首相の中では最も標準偏差が高く，彼への評価が高い分散を含んだものであることがわかった。また2014年，2016年と2つの時点における安倍首相への感情温度を分析したところ，アベノミクス，集団的自衛権，憲法改正，保守イデオロギー，愛国心の涵養といった要素が好感度につながっていた。一方で，私生活中心主義的であるほど安倍首相への感情温度が高い傾向も見られた。

　以上の分析結果を踏まえた上で当初の問題意識に立ち返ろう。われわれは自民党以外の政権選択肢を持ち得るのであろうか。短期的には難しそうである。民主党は1996年の結党から13年をかけて政権の座に就いたものの，政権運営を誤り有権者からの信頼を失った。それに代わる存在が短い期間で出現するとは考えにくい。しかしそのような存在がなければ選挙は「有意義な選択」にならず，国政選挙の投票率も上がらないであろう。民進党は現在，野党同士の共闘関係構築を模索しているようである。政権を持ちながら空中分解した民主党の経験が活かされることはあるであろうか。

　強固に見える現在の安倍政権であるが，先に述べたように好悪のばらつきは大きい。また第6章の分析にあるように，有権者の6割は無党派層である。衆議院の選挙制度が現行の制度である限り，有権者の1割にあたる1000万人が投票先を変えれば，300を超える議席も一瞬で消えてしまう。その変化が全国的な要因で起きるのだとすれば，候補者は選挙区での地道な運動と組織化を行うインセンティヴを持ちにくいであろう。そうなると支持基盤はいよいよ空洞化し，ポピュリスティックな動員戦略に政党のリーダーが頼ろうとする誘惑は大きくなる。そのこと自体は世界的潮流とさえ見える(Moffitt 2016)。選挙制度の国際比較プロジェクトCSES (Comparative Study of Electoral Systems)は2016年の会合で，新たにデータを集めるための核となる質問文のメインテーマにポピュリズムを選んでい

る[1]。ポピュリズムによって民主主義が脅かされるという危機感は世界的に共有されているのである。

　そして本書が提示したスウィング・ヴォーター像は，そのようなポピュリスティックな動員に応じる可能性がないとはいえない。彼らの一部は普段あまり政治に関心を持たず，政治についての情報はテレビに多くを依存している。このような政治状況ではテレビを中心とするマス・メディアの役割もひときわ重要なものとなるだろう。2016年のアメリカ大統領選挙から，アメリカのマス・メディアは大統領候補の発言の事実関係を確認し報道するようになった[2]。このような政治家の発言を検証する仕組みが機能すれば，有権者は政治家を信頼しやすくなる(Lupia and McCubbins 1998=2005)。同様の仕組みは今後広がるのであろうか。

　話を政党に戻そう。政権を担いうる野党をいかに生み出すか。これは大きなプロジェクトであり，おそらくは政治家任せにはできないことであろう。2016年に人文社会科学系の研究者有志は「リベラル懇話会」なる組織を作り，民主党への政策提言を行った[3]。これは1つの試みであるが，そのような政策を担う政党組織を今度どのように構築していくべきなのかは，まだまだオープンな課題である。

　本書の射程ははるかに短くそのような課題をカバーできていない。ただ，将来政権を担いうる野党ができるために，有権者の視点からいくつか指摘できることはあるかもしれない。たとえば，民主党政権が信頼を失う一方で安倍政権が高く評価されている分野として，本書の分析から目立つのは外交である。今後自民党を下野させ政権を担おうとする政党はどこであれ，そのことを念頭に置いておいた方がよいだろう。

　本書は有権者の政権担当能力評価を中心的な変数に据え，2009年以後の国政選挙の一断面を分析した。しかし手つかずの問題は多く残っている。たとえば有権者がどのようにして特定の政党に政権担当能力を認めるのかについ

1　http://www.csesblog.org/2016/09/30/announcing-cses-module-5/。CSES Module 5の質問文はhttp://www.cses.org/collabs/CSES_Module5_Questionnaire.txtである。Hobalt et al.（2016）も参照されたい。

2　たとえばワシントン・ポスト紙によるhttps://www.washingtonpost.com/graphics/politics/2016-election/fact-checker/など。

3　https://libekon.wordpress.com/

いては，データの制約もあり実証的にはほとんど扱えていない。自民党のように長期にわたって政権を担っていれば実績としてそのように認知されるであろうが，例えば民主党はどのようにして政権を担当できる政党として有権者に認知されていったのかについては，データがないため推測することしかできない。そしてこの点におけるマス・メディアの働きも十分に分析できてはいない。こういった問題に関する長期的なパネル・データの取得が難しいとすると，いわゆる「ビッグ・データ」の取得も視野に入れて検討すべきかもしれない。

補論 1
有権者調査の現状と課題[1]

1. はじめに

　日本の投票行動研究において，有権者を対象とするサーヴェイ調査は重要な役割を果たしてきた。近年ではウェブ・サーヴェイや調査におけるコンピュータの利用などにみられるような調査手法の多様化によって，多くの知見が蓄積されつつある。一方で今日，全国的な規模の有権者調査を設計，実施することには多くの課題も伴っている。本論は筆者の限られた経験と視点からこのような現状と課題を整理し，今後の方向性についての議論を喚起することを目的としている。以下では主な論点として，サンプリング・デザインと回収率(第1節)，手法の多様化(第2節)，調査票作成(第3節)，国際比較調査への対応(第4節)，データ公開(第5節)，調査の継続性(第6節)などを取り上げる。これらについて筆者がこれまで関与したJES (Japanese Election Study)調査などの知見を交えつつ論じる[2]。

1　本章は山田(2015)を一部改稿したものである。
2　筆者が関わったプロジェクトはJES Ⅱ(研究助手として)，同Ⅳ, Ⅴ, Asian Barometer日本調査チーム(2nd and 3rd round), Comparative Study of Electoral Systems日本調査チーム(Module 2, 3, 4)，早稲田大学CASI (Computer-Assisted Self-administered Interview)式調査立ち上げ，などである。JES Ⅱ以外は研究分担者として関与した。

2. サンプリング・デザインと回収率

　まず有権者調査におけるサンプリング・デザインと回収率の問題について，JES調査を例にとって述べる。周知のようにJES調査は1983年より始まり，今日まで継続している全国規模の有権者調査である（表補1-1）[3]。JES調査は基本的に面接調査を中心とするパネル・サーヴェイで，地点と対象者を2段階無作為抽出して標本を作成している。なおパネル・サーヴェイにおいては標本から脱落する回答者が生じるため，調査期間が長いほど新規標本を補うことになる。

　たとえばJES I 調査は1983年の参院選後，衆院選前後と3回のパネル調査として設計されている。層化二段無作為抽出法によって202地点，4000件が標本として抽出され，そこからさらに初回調査用標本として2525件が抽出されている。これによって生じる残りの1475件は，初回調査標本からの脱落分を補うために用いられている（綿貫ほか，1986, 287-9）。JES II 調査以降は調査期間が長期化しているためか，このような方法は採用されず，適宜不足を補うための補充標本をサンプリングしている（相田・池田，2005）。

　標本がうまく設計されたとしても，回収率が低ければ調査としては信頼性

表補1-1　JES調査概要

	研究期間(年)	調査対象となる国政選挙	研究代表者	共同研究者
I	1983-1985	83参，同衆	綿貫譲治	三宅一郎，猪口孝，蒲島郁夫，山本吉宣
II	1993-1997	93衆，95参，96衆	蒲島郁夫	綿貫譲治，三宅一郎，小林良彰，池田謙一
III	2001-2005	01参，03衆，04参，05衆	池田謙一	小林良彰，平野浩，西澤由隆(*)
IV	2007-2011	07参，09衆，10参	平野　浩	池田謙一，小林良彰，山田真裕
V	2012-2016	12衆，13参，15衆，16参	小林良彰	平野浩，山田真裕，谷口将紀，名取良太，飯田健

＊なお西澤は途中で共同研究者から外れている。

3　JES調査に先行する日本人有権者を対象にした投票行動の全国調査としてJABISS調査がある。主要な研究成果としてFlanagan et al. (1991)を参照。JABISS調査はフラナガン，リチャードソンといった米国人研究者と綿貫譲治，三宅一郎，公平慎作ら日本人研究者との共同作業であった。これを経て日本人研究者による全国調査として企図されたのがJES調査である。

を損なうことになる。JESプロジェクトに限らず選挙調査は近年，回収率の低下に悩まされてきた。2003年に発効した個人情報保護法に伴うプライバシー問題への関心の高まり，さらには集合住宅におけるオートロックの普及などは，調査員のアクセスにとって大きな制約となり，これに伴う回収率の低下が問題となって

表補1-2　JES調査各期における第1波面接調査回収率

期	調査時期	回収率(％)	標本数	備考
Ⅰ	1983参後	70.10	2525	
Ⅱ	1993衆前	75.20	3000	
Ⅲ	2001参後	68.70	3000	
Ⅳ	2007参後	45.20	3705	(*)
Ⅴ	2012衆前	60.10	3000	(**)

*　計画標本3000＋予備対象者705
**　この調査は慶應義塾大学G-COEプログラム「市民社会におけるガバナンスの教育研究拠点」によって実施されたものである．

いる[4]。JESを例にとって回収率の状況を確認したものが表補1-2である。これはいずれも初回調査を対象としている。一瞥してわかるように，第Ⅳ期において顕著な回収率の落ち込みが見られる。この調査における当初の計画標本は3000であったが，1958件が調査不能と報告された。不能理由で最も多かったのは調査への協力拒否で806件（調査不能標本のうち50.4％）にのぼった。次に多い理由は一時不在の459件（同28.7％）であった。これにより標本が大きく歪むことが予想されるため，それを緩和すべく705件の予備標本を加え調査対象としたが，ここでも434件が調査不能（うち211件が調査への協力拒否で155件が一時不在）となっている（平野ほか，2008）[5]。

このように第Ⅳ期において大幅に回収率が低下したことは，当然のことながら面接調査の有効性や意義に大きなダメージを与える。データの質を維持するために，調査不能やパネルからの離脱に伴う標本の減少を補うことを目的とした追加標本のための抽出ウェイトの算出や，欠測メカニズムをモデ

4　総務省統計局平成20年「住宅・土地統計調査」によれば，「『オートロック式』の住宅は542万戸で非木造の共同住宅全体の30.2％と3割となっている」とともに，「建築の時期が新しくなるほど高くなる傾向となっており，平成13年以降に建築されたものでは5割を超えている」とのことである（http://www.stat.go.jp/data/jyutaku/2008/nihon/2_5.htm）。
5　なお比較のために第Ⅲ期における第1回調査（2001年参院選後実施）を見ると，回収不能数939件中の調査協力拒否は412件（43.9％），一時不在が360件（38.3％）となっている（池田ほか，2002）。

ル化することによるウェイト(欠測ウェイト)の算出などが行われてきた(相田・池田,2005；2006)[6]。また面接調査の実態について調査員に訪問履歴票の作成を課すことで,調査の管理を調査会社のみに依存せず,調査の質を保つ努力も行った[7]。このような努力の一方で,有権者調査における面接への依存を見直す機運も生まれた[8]。これについては次節で述べることとする。幸いにしてこのような回収率の落ち込みは,表補1-2にあるように第Ⅴ期において回復の兆しを見せている。調査をする側としては,回収率を低下させず向上させるための努力と工夫が求められている。

3．調査手法の多様化

インターネット利用人口の拡大に伴い,有権者調査においてもいわゆる「ネット調査(web survey)」の利用も広がってきた。JES調査もその例外ではなく,第Ⅴ期よりネット調査を導入している。ネット調査は標本の代表性において問題を抱えている一方[9],多くの利点も併せ持っている。それらの利点は以下のようなものになろう。①選択肢を示す順序をランダマイズすることで回答順序効果を減殺できる(今井,2013)。②回答者が直接設問への回答を入力するため,調査員による面接では答えにくいような質問に回答してもらいやすいと推測される(西澤・栗山,2010；飯田,2013b)。③回答者が回答に費やした時間(反応時間)を計測できる(三村・荒井,2013)。④面接調査に比して相対的に安価に実施できる[10]。⑤郵送,留め置きなどの自書式調

6　このようなウェイトの作成は後述する国際比較調査への対応において求められることもしばしばである。

7　実際に面接調査を行った日時,面接調査にかかった時間,訪問回数などを調査員に記録し,報告を求めている。早稲田大学が行ったCASI式調査における同様の作業に関する文書として山﨑(2013)が興味深い。

8　現在は国勢調査においてもインターネットの利用が検討され,試験調査が行われている。総務省統計局「平成27年国勢調査第2次試験調査」(http://www.stat.go.jp/data/kokusei/2015/shiken2/index.htm)参照。

9　ネット調査の対象となる人々は調査会社がプールしていることが多い。

10　JESのような全国3000件の標本規模で面接調査をサンプリングも含めて1回行う場合の費用について,調査会社に見積もりを請求すると3000万円以上にな

査よりもデータの質を確保しやすい[11]。⑥面接において懸念される調査員による回答者の恣意的選択や回答のでっちあげ(データ・メイキング)の可能性を排除できる。⑦実験的なコンポーネントを埋め込むことができる[12]。こういった多くの利点に鑑みて，ネット調査が有権者調査において用いられる頻度は増加傾向を示している。

　ただしネット調査にも問題がないわけではない。面接調査と比べてネット調査が劣ると思われる部分は，先にあげた標本の代表性以外にもありうる。第1に，回答者が調査員に監視されていないため，雑な回答が可能である。特に調査会社からの報酬を目当てに大量の調査において回答者となる人々による粗雑な回答(satisficingと呼ばれる，Krosnick 1991)の問題が指摘されている[13]。このような粗雑な回答に対する対応策については三浦・小林(2016)が参考になる。第2に，調査への協力依頼を面接調査ほど強くは行えない。この点は訓練された優秀な調査員による面接調査に劣る点であろう。JES V は面接，ネット，郵送を併用しているため，調査によっては調査形式の違いを比較することができる(小林 2016，第2章)。この点に関してはさらなる研究の進展が望まれる。

4．調査票作成

　有権者調査を行う上で調査票の設計は，研究者が持つリサーチ・クエスチョンの反映であると同時に，これまでの研究蓄積を継承し後発の研究者に伝えていくためにも重要である。JES調査はもともとANES（American

---

　るだろう。郵送調査の場合は1600〜1800万円，ネット調査だと150〜170万円と言われる。ただしネット調査において音声，動画などを用いたりする場合はさらに費用がかさむであろう。

11　自書式の場合は，調査対象者が設問への回答を省略したり，矛盾した回答がなされる可能性を排除できないが，ネット調査ではそれを抑止できる。

12　コンジョイント実験やリスト実験などによって，有権者の潜在的な政策選好や偏見をあぶりだす研究が多く見られている。コンジョイント実験に関する邦語文献として宋・善教(2016)を参照されたい。リスト実験を用いてアメリカの有権者における性的偏見をあぶりだした研究としてStreb et al. (2008)がある。

13　三浦・小林(2015a; 2015b)，Miura and Kobayashi (2016)などを参照されたい。

National Election Studies)[14]に影響を受け，その日本版を志して始められた(綿貫ほか，1986)。よってスタンダードな設問は継続性の観点からいっても維持されなければならない。

　同時に，調査を行う研究者はそれぞれに自らのリサーチ・クエスチョンを有しており，それへの答えを求めて調査を利用する。そこにはスタンダードな設問に加えて理論的に斬新な設問が要請される。しかしながら一方で質問票として用意されている紙幅は有限であり，共同研究者はその紙幅を争うゼロサム・ゲームに参加せざるを得ない。また斬新かつ理論的に重要であっても，認知負荷や心理的負荷の高いいわゆる「重い質問」は回答者に，そして調査会社にさえ忌避される。

　多くの研究プロジェクトでは通常研究代表者が維持すべきスタンダードな設問について原案と，それによって残された質問票のページ数を示すことから議論を始める。この過程は飯田(2013a)が述べるように研究チームの組織的性格に大きく左右される。

　ANES調査においては2005年から運営主体に大きな変化があった。ANES調査は1948年からミシガン大学の研究チームを中心に実施されてきたが，2005年においてミシガン大学とスタンフォード大学が対等のパートナーとして運営にあたることとなり，ミシガン大学からアーサー・ルピア(Arthur Lupia)，スタンフォード大学からはジョン・A・クロズニック(Jon A. Krosnick)が研究代表者(Principal Investigators, PI)としてそれぞれ選任された[15]。

　二人のリーダーシップのもとでANESプロジェクトは新たにOnline Commonsをネット空間上に設置した。このOnline CommonsはANES調査におけるこれまでの蓄積を関心のある研究者に広く公開するためだけではなく，調査設計の過程自体を開放するためのものだった。Online Commonsにはネットからの登録だけで誰でも参加できる。ANESで実施したい設問を持つ研究者はこのOnline Commonsにプロポーザルを提出する。提出された

14　ウェブサイトはhttp://electionstudies.org/。
15　ANES調査におけるミシガン大学とスタンフォード大学の共同パートナーシップは現在も継続しており，ミシガン大学からはTed BraderとVincent Hutchings，スタンフォード大学からはShanto Iyengarがそれぞれ研究代表者として選任されている。

プロポーザルはANES Boardのメンバーが数週間をかけてレビューし討論を行う[16]。それを受けてPIが最終的に採用の可否を決定し，提案者に対してフィードバックを行う（Krosnick and Lupia 2012a; 2012b）。

このようなオープンなプロセスが可能なのは，1つにはANESが獲得している巨額の資金のおかげである[17]。逆に言うと巨額の調査資金を獲得するための目玉としてOnline Commonsを提起したと言えなくもない。質問票作成過程を公開し，そこへの参加を促し，研究者間の対話を進めその結果をOnline Commonsへと集積していくことによって，研究者共同体への共有財産にしていくこの手法はまことに賞賛すべきものである。ただし，PIなどプロジェクトの中心メンバーにかかる負担はきわめて大きい。

一方，JESはこれまで比較的少人数の研究チームで構成されてきた。National Science Foundationのような大口のスポンサーを期待しにくいということもあり，獲得してきた科研費も比較的少人数で構成される研究組織を対象とした特別推進研究が中心である[18]。世代交代を考慮しつつも継続性を重視する観点から，先に上げた表補1-1にあるように筆者も含めて複数の期にまたがって参加するメンバーが多い。調査票の作成において参加メンバーはお互いの調査項目や文案の提案に対して激しく議論するということもあまりなく，分業体制的（相互不干渉的）である[19]。

このような研究組織は意思決定が早く調整コストが低い。一方でJESに加わっていないメンバーからは排他的な集団とみなされる恐れがある。JESに加えてもらいたい設問を抱えたメンバー外の研究者がメンバーを捕まえてロビイングを行うことはできるが，質問票における紙幅の制約もあり実現は難しいことが多い。また，どの設問が継続され，どの設問が変更ないし打ち切

---

16 本章執筆時の2016年11月30日現在，このBoardには22名の研究者が名を連ねており，John H. Aldrichが議長を務めている（http://www.electionstudies.org/overview/CurrentBoard.htm）。
17 「例えば米国のNESと日本のJESでは予算的に一桁異なる」（相田・池田 2005，6）。
18 2017年度からの特別推進研究の制度変更は今後の種目選択に少なからず影響するであろう。
19 その意味では飯田（2013a）でいうところの垂直的構造に近いということになる。

りになるか，メンバー外の研究者に説明されることは稀であるから，これまで継続されてきた設問が変更されたり打ち切られたりすることにより，研究計画の修正を余儀なくされる事例もあったかもしれない。その変更に関してメンバー間においては合理性があっても，それが外部に説明されることがなかったことは事実である。研究組織のメンバーはプロジェクトの実行において多くの労力を負担している。それを負担しない研究者の意見や要望をどこまでくみ取れるかは難しい。一方でそれを無視し続けるのも調査データの公共性という観点から批判がありうる。

ただし前述したANESのように資金と人材に恵まれた組織であっても，その運営には多くの労苦と調整問題が伴っている。仮に日本でANESのような資金とOnline Commonsがあったとして，それを円滑に運営するだけのマン・パワーとマネージメントを実現することは容易ではないだろう。

5．国際比較調査への対応

日本でなされる全国的な有権者調査への需要は海外の研究者にもある。たとえば世界価値観調査（World Values Survey, WVS[20]）に基づく諸研究は，世界的な価値観の変動を見事に映し出してみせたが，このような国際比較調査に日本からの参加が求められることがある。こうした国際比較調査への参加は比較政治学的に多大な貢献であるとともに，研究者としても得るものは大きい[21]。

しかしながら当然にコストもまた大きい。国際会議で定まった英語の調査設問を日本語に翻訳し，やはり国際会議で定まった水準のリサーチ・デザインに忠実に調査を設計するわけだが，そのための資金は多くの場合自力で調達しなければならない。また設問や調査デザインの設計について意見を交わす国際会議は少なからぬ場合において海外大学の休暇期間に行われるが，この時期は日本の大学における講義期間であることが多く，補講その他で時間のやりくりに追われることになる。

20　http://www.worldvaluessurvey.org/．
21　国際的なリサーチ・ミーティングおよび会食の席などで，さまざまな国の研究者と情報交換を行うことは知的な刺激も大きく楽しい経験である。

国際比較調査の設問を国内の調査プロジェクトと抱き合せて行うこともある。たとえばCSES (Comparative Study of Electoral Systems) Module 1は1996年JEDS調査に，同Module 2はJES Ⅲに組み込まれている[22]。このことは当然に限られた調査票の紙幅制約を大きくし，それ以外の設問を組み込むことを難しくする。また国際比較調査においては，日本の基準ではまず尋ねない質問や，尋ねにくい質問をするように求められることも多い。回答者の家庭における使用言語，保有資産（家畜などに至るまで），信仰などに加え，中には差別問題への認識などのかなりデリケートで，それを尋ねると調査自体への協力を拒まれる可能性さえある問題についても調査を行うようにプレッシャーがかかってくる。

　なお国際比較調査データとして日本のデータを寄託する際には，第1節でとりあげたようなウェイトの作成を求められることが珍しくない。これについても当然にその作成方法を記した英文のドキュメントを作成しあわせて提出する作業がある。以上のような作業をスムーズに行う人材の育成とリクルートを体系的に進める必要がある[23]。

6．データ公開

　有権者調査についてのデータ公開は当初，レヴァイアサン・データバンクを皮切りに始まった[24]。1998年に東京大学社会科学研究所がSSJデータ・

22　CSESのウェブ・サイトはwww.cses.org。代表的なアウトプットとしてKlingemann（2009）がある。邦語の日本データはModule 1がJEDS96データ（http://ssjda.iss.u-tokyo.ac.jp/gaiyo/0093g.html），Module 2がJES Ⅲ 2004年参院選後調査（http://ssjda.iss.u-tokyo.ac.jp/gaiyo/0530g.html），Module 3が「アジアンバロメーター2＋CSES3パネル調査，2007」（http://ssjda.iss.u-tokyo.ac.jp/gaiyo/0657g.html）にある。Module 4の調査は2010年に，池田謙一を研究代表者とする「国際比較のための価値・信頼・政治参加・民主主義指標の日本データ取得とその解析研究」プロジェクト（http://www.ikeken-lab.jp/wasc/about/）において実施された。

23　なお私事ながら筆者はCSES Module 5 Planning Committeeに参加している（http://www.cses.org/announce/newsltr/20140409.htm）。Module 1 と 2 の Planning Committee には西澤由隆，3と4には池田謙一の両氏がそれぞれ参加されていた。前任者，前々任者に比して甚だ非力なので，関係各位のご助力を希う次第である。

24　http://www.bokutakusha.com/ldb/ldb_databank.html。また運営にあたっている坂

アーカイブ事業を開始し，データの貸し出しを行うようになってからは，公開の中心はそちらに移行した感がある[25]。寄託先はそれ以外にも米国ミシガン大学に拠点を置くICPSR（Inter-university Consortium for Political and Social Research）がある。こちらに寄託する場合には当然英語版のデータならびにコードブックを含む関連文書を用意する必要がある[26]。このような公式の機関による運営はありがたいことであるが，政府の財政事情によっては予算削減の影響を蒙る懸念もある[27]。

　一方こういった機関を介さずに，研究者が直接データを公開する場合もある。JESプロジェクトは現在，投票行動研究会として独自のウェブサイトを運営し，そこでデータの公開を行っている[28]。ただこちらについては公式の組織が行っているわけではないので，広い認知を獲得するまでに時間がかかるし，そのデータ公開のコストを研究者が負うことになる。研究者が個別にデータを公開することが増えるようであれば，その研究者の所属する学会のウェブサイトなどでデータ公開先のリンク集を用意するのも一案かもしれない。

　データ公開のペースが遅いという不満はエンド・ユーザーの側にあるだろう。データを取得する側から見ると，調査管理，分析，研究論文の執筆，科研報告書の作成を経て，そこからようやくデータを公開するための諸手続きや関連文書作成に入らざるを得ない。よって大規模なデータセットであればあるほど公開に時間がかかる[29]。データ取得前後の労に免じてご海容いただ

口節子（木鐸社）によるコメント（坂口，2007）も参照されたい。
25　現在は東京大学社会科学研究所附属「社会調査・データアーカイブ研究センター」によってSSJデータアーカイブ（SSJDA）が運営されている（http://ssjda.iss.u-tokyo.ac.jp/pdf/Brochure.pdf）。
26　データの寄託はhttps://www.icpsr.umich.edu/cgi-bin/ddf2 から可能となっている。
27　ANES調査などアメリカの学術研究もこの例外ではなく，アメリカ議会において政治学研究の意義についての疑義と予算カットが提起された際には，アメリカ政治学会から研究者に議会への働きかけを呼び掛けるメールが飛び交った。
28　http://www.res.kutc.kansai-u.ac.jp/JES/index.html。
29　データ公開作業についての具体的な記述として遠藤・日野（2013）が貴重である。

きたいところである。

　データの公開は研究の再現性を担保するという意味で極めて重要である。研究論文を理解する上では，その論文で用いているデータを入手し分析を再現してみるというのが最も有効な方法の1つである。データが公開されていることは，先行研究の発見や分析手法における妥当性が常時検証できる状態にあることを意味する。これは学問としての健全性を担保するとともに，後継研究者の育成に多大な貢献をもたらす。データ公開作業への貢献は一般にはさほど知られることのない地味で労多き作業だが，社会科学研究の健全な発展にとって不可欠なものであり，相応の評価が得られるべきである。この点についてはなんらかの顕彰制度などが検討されてしかるべきかもしれない。

7．調査の継続性

　有権者調査，特に全国的な調査には多大な資金を必要とする。資金の枯渇は調査の終了を意味する。調査を継続したければ恒常的に資金を確保しなければならない。このことは洋の東西を問わず頭痛の種である。国家財政の窮状もあり，研究資金獲得のために要求される労力，また獲得後の成果に対する期待は増す一方である。JES V（文部省科研費特別推進研究）の申請からは，英文の申請書を求められるようになった。それには申請者ならびに研究分担者による英文出版物のリストも含まれる[30]。外国人研究者に評価されるアウトプットを研究チームのメンバーが出しているかどうかが問われるようになったのである。また申請，中間報告のプレゼンテーションの場においても，日本のみならず世界的にどの程度インパクトのある研究をするのか，成果を上げたのかが問われる。和文による研究成果の出版以上に，英文での出版が評価されるようになっている。研究資金の争奪において他の学問分野との競争力が問われている。

　こういった状況の下でJES調査の資産を次世代へと引き継がねばならない。具体的には良質なデータの取得と公開，国際的な評価の対象となる研究成果の公開，国際的な調査への参加を通じたグローバルな研究者共同体への

30　審査に外国人研究者が加わったためとみられる。

コミットメント，そしてこれらを担うべき優秀な後進の育成への協力となろう。いずれをとっても重いタスクであるが，これらを遺漏なく果たすことなくして，日本に根付きつつある全国的な有権者調査を継続させることは難しいというのが現状のようである。

8．まとめにかえて

これまで述べてきたように有権者調査は多くの難問を抱えつつも，有益なデータを研究者共同体に提供してきた。またネット調査やCASI式調査といったIT技術を取り込んだ調査手法の開発により実験的手法も取り入れることが可能になるなど，さらなる知的関心をそそる分野となっている。

有権者調査とそれに基づく研究が象徴するような，データを公開し共有するという研究スタイルは，重要な資料を一部の研究者が抱え込むというスタイルとは一線を画するものである。それは共同研究の契機ともなり，研究者の育成にもつながってきた。これによって研究者共同体内のソーシャル・キャピタルも培われていったことが，JESのような一大プロジェクトを今日においても継続する力につながっているように思われると言えば，身びいきが過ぎるであろうか。

独立した研究者の間には一定の競合関係が存在する。身も蓋もなく言えば，限られた研究資金などの資源を研究者同士で奪い合う側面は拭いさりがたい。しかしながら研究費を奪い合うのは一研究者間にとどまらない。研究分野の間でも研究費の争奪戦は存在し，それは大型プロジェクトであればあるほどそうである。研究費全体のパイが縮小傾向にある昨今，その争奪戦は熾烈さを増しているように見える。

そのようなジリ貧状況の下で，我々が関与する学問分野を守り後進を育成していくためには，研究の質を高めるための競争と協調を併存させ調和させる必要があろう。米国のように有権者調査を守るために研究者が相互に手を携えなければならない日は案外近いかもしれない。ANESによるOnline Commonsの設置は，研究者間の競合と協調を調和させつつ後進の研究者を育てることをも視野に入れた事例として興味深い。予算や人員面の制約もあり，日本で同様のことがどれほど可能かは楽観しえないが，われわれの身の丈に合ったプロジェクトの可能性は検討されてしかるべきであろう。そこに

おいて学会などに期待される役割はますます大きくなると思われる。学会や研究会を通じて研究者間のソーシャル・キャピタルを高めるとともに，海外の研究者とも連携しつつ，強力な研究チームを安定的に生み出し，かつ優秀な研究者の育成に努めることが必要である。

補論2
2005年衆院選における自民党投票と政治的情報量[1]

1. 小泉自民党を勝たせたのは低情報投票者(B層)か？

　小泉純一郎首相のもとで行われた4回の国政選挙(2001年参院選，2003年衆院選，2004年参院選，2005年衆院選)は，日本の選挙政治史を語る上では不可欠なものになったと言えよう。圧倒的な世論の支持と期待を背景に自民党の議席を伸ばした2001年参院選[2]，民主党の議席増を許した2003年衆院選[3]，業績評価により自民党にとっては苦戦となった2004年参院選，そして郵政民営化法案を踏み絵として行った2005年衆院選における自民党の大勝など，いずれの選挙をとってもそれ以前の選挙とは異なる様相を見せている。池田(2005)が述べるように，これら「小泉の選挙」に共通しているのは，常に小泉自身が国民の前面に登場し改革を訴え続けるという姿勢を示し続けたことであり，さらには田中真紀子，安倍晋三，竹中平蔵などの抜擢人事を続け，顔の見える選挙を繰り返してきたことである[4]。

　中でも2005年衆院選は特に興味深い。第1に，自民党総裁である小泉が郵政民営化に反対する現職議員を公認からはずし，対抗馬として新人候補を擁立した上で480議席中296議席獲得という歴史的大勝利を収めたことは，

1　本論は山田(2006)を改稿したものである。
2　主な分析として池田(2004)，蒲島(2004，第15章)。
3　蒲島(2004，第16章)。
4　小泉のメディア利用に関してはKabashima and Steel (2005)，また2005年衆院選における自民党の広報体制については，世耕(2005a，2005b)を参照。

自民党が個人後援会を選挙基盤として当選してきた保守系議員による連合組織であるというこれまでの日本政治における常識を覆した。第2に，前年の2004年参院選における自民党の苦戦の原因として，小泉を首班とする自民党と公明党の連立政権に対する有権者の業績評価を指摘する見解が複数の研究によって提示されているが[5]，そのわずか1年後に，しかも自民党総裁任期が1年余りしか残っていないためにレイム・ダック化しても不思議ではなかった小泉首相による解散劇が，自民党の大勝利をもたらしたこと自体が大いなる驚きであった。

　このような彼の政治手法を「ポピュリズム」として概念化しようとする試みがある（大嶽2003）。ただし，この概念は非常に多義的で，特にその操作定義をどうするかという問題に関して研究者間に合意があるとは言えない[6]。Weyland（1999; 2001）はポピュリズムを3つの特徴を持つ政治戦略として定義している。それらの特徴とはまず第1に，政治的疎外感を持ちかつさまざまな集団からなる均質的でない大衆に向かってリーダー個人が訴えかけることであり[7]，第2にそれらの大衆に対してリーダーが既成の組織を通じてではなくそれを無視するように，より直接的と思われる方法で接近していくことであり，第3に政党をあくまでリーダー個人の乗り物のように動かすことである。この定義自体が操作定義として必ずしも十分とは言いがたいが，少なくとも「ポピュリズム」と呼ばれる現象の特徴を網羅しており，この特徴に合致するという意味において小泉首相の政治手法を「ポピュリズム」に分類することは不当ではないだろう[8]。

　ただし，上記のような政治戦略を政治的指導者が採用したところで，それが民衆の支持を得られなければ，その指導者が「ポピュリスト」と呼ばれることはない。その意味で「ポピュリスト」という称号は，一時的にせよ民衆からの支持を獲得しえた政治家に対するものであり，その意味で成功事例に

5　池田（2005），平野（2005），山田（2005）。
6　たとえばTaggart（2000, 10-22）を一読すれば，ポピュリズムという概念の多義性と混乱が即座にわかる。
7　米国大統領によるこのような活動をKernell（1997）は"Going public"と称している。
8　Krauss and Nyblade（2005）は同様の現象を（首相の）「大統領化（presidentialization）」という視点から論じている。高見（2006）も参照。

のみに適用される概念である[9]。つまり「ポピュリスト」の誕生，あるいはポピュリズム現象の発生を説明するためには，それを支えた世論や有権者の分析が欠かせないのである。

　大嶽(2003，110)が指摘するように「ポピュリズム」という言葉にはエリート主義的含意があり，大衆に対する不信感が反映されている。政治指導者が民衆に対し，その理性や知性よりも情緒や感情に訴えることによって[10]，あるいは指導者が大衆に迎合することによって，その支持を得ようとしていると観察者が判断し，さらにまたそこに多数派による専制を見出すときに「ポピュリズム」という言葉が使われる[11]。有権者が見識を持って指導者を支持していると観察者が状況を判断している場合，それを形容するために「ポピュリズム」という言葉が用いられることはない。また一方では，政治家は政策決定においては有権者の選好よりも自己の信念や政党，支援者，利益団体などの利益を優先し，世論を自分たちにとって都合のいい方向に誘導しようとするのだとする研究(Jacobs and Shapiro 2000)も存在する。

　アメリカにおける投票行動研究の蓄積は幾度となく，政治について無知でイデオロギー的に一貫性のない有権者を発見し続けてきた[12]。有権者には政府の業績を正当に評価する能力がないとする研究もある(Achen and Bartels 2002; 2004)。これに対して，政治に関するクイズに答えられなかったり，調査に対する有権者の回答が不安定であったとしても，それは有権者が政治について論理的に考えることができないということを意味しないという

9　成功し得なかったポピュリストの例としては小渕恵三首相を挙げることができるかもしれない。山口(1999，145-149)は小渕恵三首相の地域振興券などに代表されるような再分配政策を「ポピュリズム」と称した。また池田(2005，61)は小渕の手法を「パン」のポピュリズム，小泉の手法を「サーカス」のポピュリズムとしている。

10　政治家が有権者の感情に訴える戦略を分析する試みとしてLupia and Menning (2007)，同(2009)を参照。

11　たとえばRiker (1982=1988)は，選挙による投票の結果を解釈する2つの立場としてリベラリズム(マジソン主義)とポピュリズム(ルソー主義)を対置させ，ポピュリズム的解釈が多数派の専制を容認するのみならず，投票結果の集積は人民の意思と結びつかないとして，ポピュリズム的解釈を拒否する。

12　例えばLupia and McCubbins (1998, 3=2005, 16)にそのような研究が列挙されている。

研究もある(Alvarez and Brehm 2002; Lupia and McCubbins 1998; Lupia 2004; 2006)。

　この点について日本を顧みると，有権者の政治知識や政治的情報に関する研究蓄積は21世紀に入ってから増えてきたものの[13]，それと有権者の政治的判断力(political competence)との関連は十分に明らかになっていない。一方，日本における投票行動研究を概観する限り，有権者の政治的判断力に対して明確に低い評価を与えているものは見当たらない。

　日本人有権者の政治的知識とその影響という点において2005年衆院選は興味深い事例を提起している。小泉首相がポピュリスト的戦略をどのように意識していたのかは検証できないが，小泉陣営が民営化や構造改革を争点にして組織化された自民党支持層や政治的関心の高い有権者を超える広範囲の有権者に訴えかけることで，支持を得ようとした傍証が存在するからである。図補2-1は衆院選直前の2005年6月23日に開催された第162回国会衆議院郵政民営化特別委員会理事会において提出された質問用資料に含まれていた図の1枚をシンプルに書き改めたものである。これは郵政民営化合意形成のためのキャンペーン戦略案として，ある広告代理店によって作成されたものとされているが[14]，この資料では小泉内閣の支持層(B層)にフォーカスした民営化と構造改革推進キャンペーンの必要性が訴えられている。ここで，小泉首相の潜在的支持層であるB層が相対的に政治に関する情報劣位にある集団とみなされていることは明らかであり，小泉批判勢力でなく，小泉陣営やその支持勢力が小泉内閣支持層をまさにポピュリスト的支持を与える層と見なしていたことは上記の観点から非常に興味深い。

13　例えば今井(2008a; 2008b)，境家(2005a; 2005b)，堀内・今井・谷口(2005)，森川・遠藤(2005)。

14　全15頁ある資料の表紙には「郵政民営化・合意形成コミュニケーション戦略(案)」というタイトルと，この資料が政府に提出された日付とされる「2004年12月15日」，作成者として「有限会社スリード」「株式会社オフィスサンサーラ」の名前が記されている。この資料は中村哲治氏のウェブサイト上(http://www.tetsu-chan.com/)において，2006年5月3日の時点で公開されていた。これが国会で取り上げられた経緯については，『サンデー毎日』2005年7月24日号に記事が掲載されている。同様の図は谷口・蒲島・菅原(2005，97頁)にも示されている。

補論 2　2005 年衆院選における自民党投票と政治的情報量　147

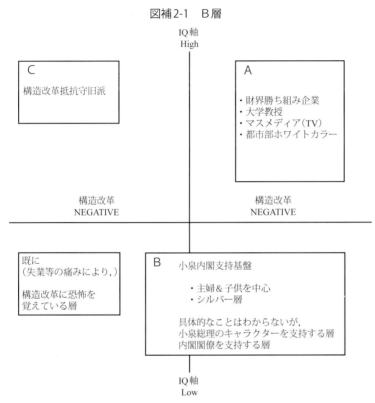

図補2-1　B層

出所：2005年6月23日第162回国会衆議院郵政民営化特別委員会理事会配布資料の図を改定
(http://www.tetsu-chan.com/05-0622yuusei_rijikai2.pdf)

　果たして2005年衆院選における自民党投票者には，少ない情報しか持たない投票者(low information voters)が多く含まれているのであろうか。そのような人々は主婦層や高齢層(図中ではシルバー層)なのだろうか。それらの人々はメディアを介したキャンペーンなどの影響で，小泉自民党に投票したのであろうか。小泉ポピュリズムはこれらの低情報投票者に対しメディアを介してアピールし，彼らを味方に引き込むことで，2005年総選挙に勝利を収めたのだろうか。
　これらの問いに答えることの意義は，単に一国における一回の興味深い選挙に関する分析を蓄積することにとどまらない。有権者は政治的に無知もし

くは政治的な判断力に欠け、政治家のキャンペーンによって操作されてしまう存在であるのか、どのような有権者が政治家にとって操作しやすいのかといった、民主制にとって本質的な問いを含んでいる。

2．政治的情報量，政治的知識をどう測定するか

Milner (2002) は有権者の政治的知識が適切な政策選択につながり、適切な政策選択が有権者の政治的知識の増進に貢献するという主張をCSESデータに基づいて行っている[15]。しかし、Lupia (2006) はこれまでなされていた政治的知識に関する質問がエリート主義的偏向に基づいて設計されているがゆえに、市民の政治的能力(civic competence)を適切に測定することができていないと批判している。

> 「多くの政治的知識についての設問は、質問の内容と投票所において決定を行うための投票者の能力との関係に関する反復可能で平明な論理から生まれたものではない。むしろ研究者やジャーナリストによって共有されている世界観から生まれている」[16]。

ここでLupia (2006) が直接に批判の対象としているのは、Delli Carpini and Keeter (1996) に代表されるような、投票選択に直接関係のない政治的知識によって有権者の政治的判断力を測定しようとする手法である。

有権者が有する政治的な情報や知識を測定するための方法にはさまざまな提案がある(稲葉1998；Price 1999；境家2005a；境家2005b；谷口・蒲島・菅原2005)。一方、本論で用いるデータ(後述)には、有権者の政治的な情報量や知識を直接測定する設問は含まれていない。ゆえにここでは別の方法を模索せざるをえない。本論では「わからない」という回答(以後DK回答と称する)を利用する。特定の質問に対して「わからない」と回答したケースを回答者ごとに集計し、それを政治的情報量の代理変数として用いようと

---

15 Milner (2002) ではcivic literacyという概念で表現されているが、その指標はCSES調査における政治的知識に関する設問に基づいて作成されたものである。
16 Lupia (2006, 219)。和訳は筆者による。

いうのである。

　無論，「わからない」という回答の意味は必ずしも一義的ではない。(1) 設問の意味が「わからない」のか，(2) 問題の意味はわかるが答えを知識として持っていないということなのか，(3) 複数の選択肢から適切な回答を判断できないということなのか，(4) 自分の中に答えがあってもそれを表明することがはばかられるのか，いずれにせよさまざまな理由で人は「わからない」という回答を選択する（Berinsky 2004；Weisberg 2005）。

　サーヴェイ・データの分析においてDK回答は単純に分析の対象から排除されるか[17]，そうでなければなんらかの手法によってDK回答が発生するメカニズムをモデル化し，それを推定することによって特定の値を外挿する（浅野2003；岩崎2002；Berinsky 2004；Weisberg 2005）といった処理がなされる。後者の手法を利用することで分析事例数の減少を防ぎ，より不偏で頑健な推定結果を得ることができるが，一方で回答者が情報や知識を持っていないことそれ自体は分析の対象とならない。ゆえに後者の手法では有権者における政治的情報量の乏しさそれ自体を問題にすることができない。

　そこで本論においては「わからない」という回答をあえて真に受けてみようと考える。もちろんDK回答の中には，上で挙げた(4) の事例群のように，実際には回答を心中に秘めつつもなんらかの社会的理由でそれを明らかにしなかったという事例も含まれるかもしれない。Berinsky（2004）が「意見の留保（opinion withholding）」[18]と名づけるそのような事例は多くの場合，自分の意見の表明が社会から歓迎されないものであると回答者が認知する場合に起こることが知られている。その例としてBerinsky（2004）があげたのは，1990年代アメリカにおける学校統合問題であった。社会変化に伴って，以前のように公然と白人と黒人の学校を分離すべきだと表明することが難しくなったため，白人と黒人を同じ学校に通わせることの賛否を白人に問うと，

17　この場合はDK回答がランダムに発生していることを前提とすることになる。しかしながらその前提が現実的であるとは考えにくい（Tourangeau, Rips, and Rasinski, 2000）。DK回答はある種の人々（女性，低学歴，高年齢）に明らかに多く，またサーヴェイの設問によっても回答率が異なる。Rapoport（1982）はこのような関係が安定的なものであることを実証している。日本人のDK回答については神林（2005），杉山（1983）を参照。

18　神林（2005）においては「自己抑制」と表現される。

4割近くが「わからない」と答えてしまうのだという (Berinsky 2004:56)。

　このように認知的には困難でないものの社会的にそれを表明することが困難であるという設問の典型は，差別問題やプライバシーに関わる問題であろう。このような問題は仮に質問されても上記のように高い割合でDK回答を生むことになる。しかし，このような設問が日本における選挙のための世論調査に事実として存在してきたかというと，管見の限りでは皆無に近い[19]。また，回答者がインタビュアーに対して回答する状況が完全に統制されているかどうかを確認するすべは無く，第三者の視線や聴覚を完全に気にすることなく，回答がなされているのかどうかは不明である[20]。

　日本の選挙調査においてDK回答の割合が比較的高い設問を見ていくと，認知的困難ゆえであると推測されるものが多い。たとえば後に触れるわれわれのデータで言えば，保革のイデオロギー軸上に政党を位置づけることや，男性政治家と比較した場合の女性政治家に対する相対的評価などは30％前後のDK回答を得ている。これに対して，争点の重要性評価などにおけるDK回答率は最も高い項目で15％（地方分権）である。これらの設問が，認知的な要因ではなく社会的要因によって回答者に自粛を促すものであるとは想定しがたい。であればこれらの設問に関するDK回答発生の理由をとりあえず認知的困難と仮定しよう。「わからない」という回答を素直に受け取り，これを累計して有権者の政治的情報量の指標にしようというのが本論の研究戦略である[21]。以下その戦略に従って変数選択とモデルの設計を行う。

19　当然このことは日本に差別がないことを意味しないし，被差別集団への帰属が投票行動と無関係であることも意味しない。

20　敗戦直後における意識調査に関する文献からは，婦人に回答を求めても配偶者が出てきたり（大嶽1994，第4章；内田・三宅2000），「社会党に投票する」と答えていた製作所の工員が後に訪問した際には解雇されてしまっていた（福島2003）など，自己の意見を表明することの困難さがうかがえるが，現状としてこのような状況がどの程度残っているのかは明らかでない。

21　このような本論の政治的情報量指標は，政治的洗練 (political sophistication) の指標であるともいえるだろう。政治的洗練についての議論としてLuskin (2002) を参照されたい。

3．分析に用いる変数とモデル

【データ】
　本論が主に用いるデータは,「政治と社会における男女の役割に関する意識調査」によって得られたものである。この調査は東北大学21世紀COEプログラム「男女共同参画社会の法と政策」(拠点リーダー辻村みよ子東北大学大学院法学研究科教授)によって2005年9月18日〜10月20日までの期間になされた全国的規模の面接調査である(以下東北大調査と略称する)。調査対象は全国の20歳以上の男女で,住民基本台帳もしくは選挙人名簿を抽出台帳とし,層化二段無作為抽出法によって3000名の標本を作製した。調査の実施は社団法人中央調査社に委託した。有効回収数は1528で回答率は50.9％であった。

【従属変数】
　比例区における投票とする。これを自民党とそれ以外のダミー変数(自民党に1を,それ以外に0を与える)に変換して用いる。比例区の投票を用いる理由は,小選挙区における投票よりも候補者要因が小さいと想定されるためである。

【独立変数】
A．感情温度
　独立変数としてまず自民党と小泉首相に対する感情温度(0度から100度までの101点尺度)を選択した。これらの変数は好意性ヒューリスティクス(likability heuristics)として投票行動を説明する要因である。これらの変数におけるDK回答率はそれぞれ全体のうち10.1％(1528件中155件),8.6％(同じく131件)である。無回答は自民党については0.2％(同じく3件),小泉については0.3％(同じく4件)であった。これらの設問に対するDK回答と無回答を分析から除外するのは残念ではあるが,小泉に対する好感情が2005年衆院選における自民党大勝の一因と推測されるため,いたしかたない。表補2-1は自民党と小泉それぞれに対する感情温度においてDK回答あるいは無回答であった事例を,比例区における投票結果ごとにクロス集計し

表補2-1　自民党と小泉純一郎に対する感情温度のDKと無回答

		自民感情温度 DK回答数	自民感情温度 無回答数	小泉感情温度 DK回答数	小泉感情温度 無回答数
比例区における投票の有無	投票した	70		62	
	棄権	44	1	35	1
	わからない	8		6	
	無回答	33	2	28	3
	計	155	3	131	4

たものである。見ての通り，感情温度についてDKもしくは無回答である事例の半数以上が，比例区投票での回答において棄権，DK，無回答となっていることが確認できる。

B. 投票政党選択理由

東北大調査では，小選挙区と比例区における投票の理由を多重回答の形式で尋ねている。われわれはそのうち，比例区における投票理由を独立変数として利用する。質問文は付録として本論の末尾に掲載した（167-168頁）[22]。この設問に対するDK回答率は1.4％（18件）である。

C. 投票に当たって考慮した争点

同じく東北大調査においては投票に当たって考慮した争点について，やはり多重回答方式でたずねているので，これを独立変数として用いる。質問文については同様に末尾の付録を参照されたい。この設問に対するDK回答率は5.4％（68件）である。

D. 政治的情報量変数

先に議論したとおり，政治的情報量変数として以下の変数を作成した。まず，争点の重要性を評価する設問（付録参照）を利用して，そこにおけるDK回答を累計したものを「争点評価DK」変数として作成した。

さらに保革自己認知ならびに政党の保革認知についての設問文（Q6）におけるDK回答をもとに，保革自己認知DK変数（ダミー変数）と政党保革位置認知DK変数を作成した。後者は自民党，民主党，公明党，共産党，社民党に対する保革認知におけるDK回答を累計したものである。

---

[22] ただし，設問中の七つ目の選択肢「（キ）支持している政党の候補者だから」は除外した。比例区への投票であっても候補者に対する個人票は個人名が書ける以上ありうるが，候補者ではなく政党への投票理由をたずねている点に鑑みてこの選択肢が適切とは思われなかったためである。にもかかわらずこの選択肢の選択率は33.6％と高い。「支持している候補者の政党だから」という理解に基づいて選択されている可能性がある。いずれにせよ調査設計の段階でこの点に気づかず，事前の議論を深めなかった自らの不明を愧じる。

以上の変数のうち、ダミー変数である保革自己認知DK変数以外の二変数について度数分布をとった結果が図補2-1と図補2-2である。いずれの変数も最頻値は0である。分布の形状から見て、少なくとも標本になっている有権者が極端に政治的に無知であることはなさそうである。なお保革自己認知DK変数において1をとったのは85件であった。

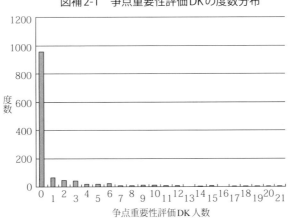

図補2-1　争点重要性評価DKの度数分布

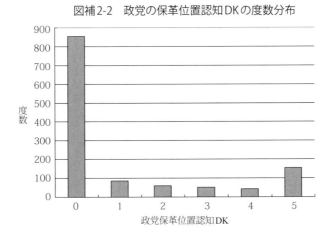

図補2-2　政党の保革位置認知DKの度数分布

これらの3つの政治的情報量変数と，年齢，性別，職業が主婦(主夫)[23]であるかそれ以外かを，2005年衆院選比例区での投票者を対象に組み合わせてクロス集計表を作ってみた。それを再加工してDK回答をしない人の割合を出したものが表補2-2である。争点評価についてのDK回答は，年齢では60代以上から増え，男性よりも女性に多く，主婦以外よりも主婦のほうが多い。保革自己認知についてのDK回答は年齢別では20代に最も多く，性別では女性に多く，主婦とそれ以外を比較すると主婦において顕著に多い。政党認知のDK回答は年代別には20代と70代に多く，やはり女性に多い。主婦はそれ以外と比較すれば相対的にDK回答が多い傾向がある。われわれの作成した政治的情報量の変数は，B層をうまく捕捉しているようである。

このようなわれわれの研究戦略は，先述したLupia（2006）の批判に耐えるであろうか。われわれは極力，投票所における有権者にとって投票行動選択の近道情報（information shortcuts）になりそうで，かつ認知的な負担が小さいと思われる独立変数を選択している。たとえば2005年衆院選では小泉自民党が郵政民営化を最重要争点として掲げたことは周知の事実である。よって争点の重要性評価ができるかどうかを有権者の政治的情報量の指標として掲げることに大きな無理はないと考える。政党のイデオロギー軸上の位置を選択させることはDK率から見てもさらにハードルの高い設問である。しかし，自分なりにこの判断ができるかできないかを有権者の政治的情報量の1つの指標として投入することは，一つの試みとしてあってよいように思われる。

E. その他

社会経済的変数として年齢，性別，居住地域変数として15大都市居住ダミー変

表補2-2　政治的情報量と年齢・性別・主婦

		争点評価におけるDKがない人の割合	保革自己認知を答える人の割合	政党認知においてDKのない人の割合
年齢	20代	87.1	80.0	60.0
	30代	88.5	93.2	71.6
	40代	87.6	95.5	75.1
	50代	81.1	92.3	76.1
	60代	72.2	92.1	67.8
	70代以上	59.7	85.0	56.1
性別	男性	84.0	95.0	77.6
	女性	70.4	87.0	60.6
主婦とそれ以外	主婦(主夫)	71.6	88.8	60.0
	それ以外	77.9	91.1	70.5

23　男性で職業カテゴリーの「主婦」を選択したケースが1件あった。

数を投入する[24]。また，統制変数として政治的(無)関心を投入する。この変数は(1)かなり注意を払っている，(2)やや注意を払っている，(3)あまり注意を払っていない，(4)ほとんど注意を払っていない，の4点尺度である[25]。これも設問文は末尾の付録に収録した。

上記の独立変数のうちB群，C群はDK回答の割合が低く，認知的負担が軽いと判断され，投票に結びつくヒューリスティクスないし近道情報となっている可能性が高いとの推測から選択されている[26]。

以上の変数によって構成されるわれわれのモデルは，少なくとも百科事典のように博覧強記な投票者(Lupia 1994)や，政治についての事情通を想定してはいない。DK回答の多寡を政治的情報量の指標とすることによって，有権者が政治的情報量と投票行動の関係を明快に分析することが期待できるだろう。

次節では，これらの変数を用いてロジスティック回帰分析を行い，比例区における自民党への投票を推定する。

4．分析

まずはシンプルなモデルからはじめる。最初は小泉に対する感情温度だけのモデルを推定し，次に自民党に対する感情温度だけのモデルを推定し，両者を比較することから始める。なお分析はSPSS14.0JとStata9.1を併用した。

表補2-3がその結果である。小泉感情温度だけを投入した分析をモデル1，自民党感情温度だけを投入した分析をモデル2，両者を同時に投入した分析をモデル3としよう。表補2-3を見ると小泉に対する感情温度よりも自民党に対する感情温度のほうが，投票方向選択に対する影響力が強いことがわかる。モデル1よりモデル2のほうがモデルの適合を示す諸数値(疑似決

---

24 15大都市とは札幌市，仙台市，さいたま市，千葉市，東京都特別区部，横浜市，川崎市，静岡市，名古屋市，京都市，大阪市，神戸市，広島市，北九州市，福岡市である。
25 「わからない」と無回答は分析から除外した。
26 他のヒューリスティクスとして，親しい第三者や帰属団体による投票先の推薦などがありうるが，本論で扱うデータには変数として含まれていないので，ここでは検討できない。

表補2-3　2005年衆院選比例区投票を従属変数としたロジスティック回帰分析(1)　感情温度だけを独立変数として

	モデル1 (n=1188)			
	−2LL	疑似決定係数	AIC	判別率
	1385.601	0.158	1.170	0.701
	回帰係数	標準誤差	有意確率	Exp (B)
小泉感情温度	0.045	0.003	0.000	1.046
自民党感情温度				
定数項	−2.629	0.210	0.000	0.072
	モデル2 (n=1180)			
	−2LL	疑似決定係数	AIC.	判別率
	1306.441	0.201	1.111	0.719
	回帰係数	標準誤差	有意確率	Exp (B)
小泉感情温度				
自民党感情温度	0.060	0.004	0.000	1.062
定数項	−3.557	0.258	0.000	1.062
	モデル3 (n=1164)			
	−2LL	疑似決定係数	AIC	判別率
	1273.918	0.210	1.100	0.722
	回帰係数	標準誤差	有意確率	Exp (B)
小泉感情温度	0.019	0.004	0.000	1.019
自民党感情温度	0.045	0.005	0.000	1.046
定数項	−3.746	0.270	0.000	0.024

定係数，AIC，判別成功率)のパフォーマンスがよいし，二変数を同時に投入したモデル3においても，自民党感情温度のほうが大きな係数を有している。

ここでこれら2つの独立変数についての記述統計量を確認しておくと，小泉に対する感情温度の平均値は59.0度(標準偏差24.7)で，自民党のそれは59.2(同21.8)である。平均値の差そのものは問題にならないが，自民党の方が小泉よりも標準偏差が小さい。小泉に対する評価のばらつきが自民党よりも相対的に大きく，より評価が分かれていることがうかがえる。つまり「小泉人気」だけでは比例区における自民党への投票を十分に説明することができないのである。

続いて他の独立変数群を投入して見ることにしよう。表補2-4 (158-9頁)はこれら2変数に加えて他の独立変数を全て投入したモデルである。まずモデル4を見よう。ここでもやはり自民党感情温度は小泉感情温度よりも大きな係数を持っている。投票理由を見ると「地元利益」志向が強いと自民党に投票し，勤労者代表を選択する人は自民党以外に投票する傾向がある。また，団体や組合からの推薦を理由に挙げる人も自民党に投票しない傾向がある。意外なのは「メディアを介した親しみ」で，これを投票理由に挙げる人は自民党以外に投票する傾向がある。一方，実績を重視する人は自民党に投

票する傾向がでている。その他の理由を挙げた人は自民党以外に投票する傾向が見られる。

　争点についてみると，「年金問題」「教育」「自衛隊のイラク派遣」を挙げる人は自民党以外に投票する傾向を示す一方で，「日本の国連常任理事国入り」「郵政民営化」「女性政治家の増加」を挙げる人がより自民党に投票する傾向がある。なかでも回帰係数の絶対値からいって「女性政治家の増加」の相対的な影響は大きい。

　政治的(無)関心も 5 ％水準で有意な正の係数を持っている。先に述べたように，この変数の数が大きいほど関心が低いことを示しているので，関心の弱い人ほど自民党に投票する傾向が現れている。これは自民党が，普段あまり政治に関心を持たない層をひきつけることに成功したことを示している。一方，政治的情報量(の欠如)を示す 3 変数のうち保革自己認知は，政治的関心の影響をコントロールしてもなお，有意な正の係数を示している。つまり保革自己認知が「わからない」人ほど自民党に投票する傾向が出ている。この変数は係数の大きさからいって，郵政民営化程度の効果を持っている。しかし，政治的情報量を示す他の変数には有意な効果が見られない。この傾向は独立変数から性別や政治的関心を除外しても不変であった。

　社会経済的変数としては年齢と性別の係数が有意である。年齢が高いほど，女性であるほど自民党に投票していたことになる。女性ほど自民党に投票するというこの結果は，これまでの日本の選挙における常識を覆すものである。Patterson and Nishikawa（2002）は1996年までの時事調査を用いて，日本の女性が男性ほどには自民党を支持してこなかったことを示している。また，Steel（2003）は1972年から1996年までの明るい選挙推進協会による衆議院調査データの分析によって，自民党への投票にはジェンダー・ギャップが存在していなかったことを主張している。自民党は今回の選挙において女性票に大幅に食い込むことに成功したのである[27]。

27　確認のために，近年の国政選挙について明るい選挙推進協会のデータを用いて，投票方向(自民党への投票とそれ以外)と性別のクロス集計表分析を行った。その結果，2000年参院選では女性は男性よりも明らかに自民党以外に投票し，2001年参院選，2003年衆院選，2004年参院選においては男女に有意差はなかった。

表補2-4　2005年衆院選比例区投票を従属

		モデル4 (n=1160)				モデル5	
		-2LL	疑似決定係数	AIC	判別率	-2LL	疑似決定係数
		1017.645	0.367	0.953	0.803	445.537	0.416
		回帰係数	標準誤差	有意確率	Exp(B)	回帰係数	標準誤差
感情温度	自民党	*0.042*	*0.006*	*0.000*	*1.043*	*0.042*	*0.009*
	小泉純一郎	*0.015*	*0.005*	*0.003*	*1.015*	*0.019*	*0.008*
投票理由	地元利益	*1.291*	*0.273*	*0.000*	*3.637*	*1.350*	*0.379*
	業界利益	0.484	0.522	0.354	1.622	-0.194	0.799
	勤労者代表	*-1.242*	*0.374*	*0.001*	*0.289*	*-1.194*	*0.596*
	生活利益	-0.464	0.297	0.118	0.629	-0.331	0.534
	政策	-0.222	0.180	0.216	0.801	-0.021	0.278
	団体・組合推薦	*-1.075*	*0.296*	*0.000*	*0.341*	-0.509	0.437
	現状改革適任	-0.096	0.205	0.639	0.909	-0.120	0.315
	メディアを介した親しみ	*-0.583*	*0.294*	*0.047*	*0.558*	-0.616	0.537
	実績	*0.731*	*0.230*	*0.001*	*2.078*	0.581	0.350
	他	*-1.334*	*0.290*	*0.000*	*0.263*	-1.105	0.429
考慮した争点	高齢者福祉	-0.309	0.194	0.111	0.735	-0.455	0.301
	年金問題	*-0.598*	*0.186*	*0.001*	*0.550*	-0.410	0.290
	景気・失業・物価	0.177	0.185	0.338	1.193	*0.825*	*0.285*
	税金	0.062	0.199	0.756	1.064	-0.278	0.298
	教育	*-0.570*	*0.237*	*0.016*	*0.566*	*-0.911*	*0.393*
	公害・環境	-0.303	0.325	0.352	0.739	-0.504	0.550
	治安・安全	0.583	0.311	0.060	1.792	0.428	0.434
	防衛問題	0.372	0.335	0.266	1.450	0.750	0.493
	自衛隊のイラク派遣	*-1.395*	*0.370*	*0.000*	*0.248*	*-2.388*	*0.797*
	国連常任理事国入り	*1.965*	*0.683*	*0.004*	*7.135*	*3.194*	*1.152*
	政治改革・政治倫理	-0.262	0.272	0.337	0.770	-0.373	0.406
	行政改革	0.392	0.245	0.110	1.480	0.574	0.354
	郵政民営化	*0.875*	*0.166*	*0.000*	*2.400*	*1.114*	*0.261*
	地方分権	0.369	0.430	0.391	1.446	0.360	0.566
	規制緩和	-0.082	0.450	0.855	0.921	-0.143	0.534
	託児施設	-0.663	0.491	0.177	0.515	0.164	0.844
	単親家庭支援	-1.273	0.880	0.148	0.280	0.000	1.242
	男性育児休暇	-0.087	0.674	0.897	0.917	-0.653	1.153
	女性の社会進出支援	-0.596	0.603	0.323	0.551	-0.266	1.544
	女性政治家の増加	*2.044*	*0.800*	*0.011*	*7.719*	-0.652	1.425
	少子化対策	-0.214	0.244	0.381	0.807	-0.620	0.400
	男女共同参画の推進	-0.152	0.632	0.810	0.859	-0.359	0.975
	DV防止	-0.212	0.642	0.741	0.809	-1.164	1.511
	その他	-0.505	0.952	0.596	0.603	-0.483	1.717
	政治的関心	*0.243*	*0.118*	*0.040*	*1.275*	0.204	0.178
政治的情報量	争点評価DK	-0.028	0.030	0.360	0.973	-0.118	0.061
	保革自己認知DK	*0.807*	*0.370*	*0.029*	*2.240*	1.324	0.763
	政党保革認知DK	-0.006	0.056	0.918	0.994	0.129	0.108
社会経済的変数	年齢	*0.019*	*0.006*	*0.002*	*1.019*	*0.019*	*0.009*
	15大都市居住ダミー	0.165	0.212	0.436	1.179	0.333	0.339
	性別(男=0, 女性=1)	*0.583*	*0.169*	*0.001*	*1.792*	男性	
	定数項	*-4.972*	*0.578*	*0.000*	*0.007*	-5.512	0.906

太字イタリックは有意確率5%以下の変数を示す。

補論2　2005年衆院選における自民党投票と政治的情報量　159

変数としたロジスティック回帰分析 (2)

(男性のみ, n=552)		モデル6 (女性のみ, n=608)			
AIC	判別率	−2LL	疑似決定係数	AIC	判別率
0.963	0.813	529.197	0.365	1.012	0.801
有意確率	Exp (B)	回帰係数	標準誤差	有意確率	Exp (B)
0.000	*1.043*	*0.047*	*0.009*	*0.000*	*1.048*
0.010	*1.020*	0.012	0.007	0.115	1.012
0.000	*3.859*	*1.387*	*0.434*	*0.001*	*4.004*
0.808	0.824	0.869	0.715	0.224	2.385
0.045	*0.303*	*−1.583*	*0.541*	*0.003*	*0.205*
0.535	0.718	−0.584	0.391	0.136	0.558
0.939	0.979	−0.371	0.254	0.144	0.690
0.244	0.601	*−1.796*	*0.454*	*0.000*	*0.166*
0.703	0.887	−0.097	0.300	0.747	0.908
0.251	0.540	−0.548	0.376	0.146	0.578
0.097	1.787	0.827	0.344	0.016	2.286
0.010	*0.331*	*−1.484*	*0.421*	*0.000*	*0.227*
0.131	0.634	−0.119	0.277	0.666	0.887
0.158	0.664	*−0.746*	*0.262*	*0.004*	*0.474*
0.004	*2.282*	−0.444	0.278	0.111	0.642
0.351	0.757	0.473	0.292	0.105	1.604
0.020	*0.402*	−0.472	0.318	0.138	0.624
0.359	0.604	−0.153	0.453	0.736	0.859
0.324	1.534	0.469	0.498	0.346	1.599
0.128	2.117	0.003	0.520	0.996	1.003
0.003	*0.092*	*−1.049*	*0.480*	*0.029*	*0.350*
0.006	*24.378*	*2.716*	*1.250*	*0.030*	*15.125*
0.359	0.689	−0.092	0.404	0.821	0.912
0.105	1.775	0.083	0.393	0.834	1.086
0.000	*3.046*	*0.960*	*0.242*	*0.000*	*2.612*
0.525	1.434	0.706	0.806	0.381	2.027
0.789	0.867	0.547	1.251	0.662	1.728
0.846	1.178	−1.164	0.683	0.088	0.312
1.000	1.000	−3.911	2.036	0.055	0.020
0.571	0.520	0.118	0.969	0.903	1.125
0.863	0.766	−0.259	0.726	0.722	0.772
0.647	0.521	*2.872*	*1.066*	*0.007*	*17.667*
0.121	0.538	0.043	0.350	0.902	1.044
0.713	0.698	0.442	1.007	0.661	1.555
0.441	0.312	−0.158	0.862	0.854	0.854
0.779	0.617	−0.646	1.274	0.612	0.524
0.251	1.227	0.267	0.172	0.121	1.306
0.051	0.888	0.021	0.040	0.593	1.022
0.083	3.758	0.766	0.449	0.088	2.150
0.231	1.138	−0.039	0.071	0.582	0.962
0.042	*1.019*	*0.020*	*0.009*	*0.020*	*1.020*
0.326	1.396	0.086	0.296	0.772	1.090
のみ			女性のみ		
0.000	*0.004*	−4.557	0.802	*0.000*	*0.010*

【性別ごとの推定1：男性】

では性別で分けてモデルを推定するとどうなるのだろうか。モデル5は男性のみ，モデル6は女性のみで推定した結果である。男性のみで推定した場合，投票理由関連変数では「団体・組合推薦」「メディアを介した親しみ」「実績」といった変数は有意でなくなる。また，争点では年金問題は男性において有意でない一方で，「景気・失業・物価」といった経済問題が重要争点として浮上し，これに言及している男性は自民党に投票するという傾向がうかがえる。「教育問題」は負の係数が大きくなっているので，これに言及した男性はより自民党以外に投票していると推測される。「自衛隊のイラク派遣」「国連安保理常任理事国」については符号の正負はともかく係数の絶対値が増大し，男性においてはこれが投票選択上重要な争点となっていることがわかる。「郵政民営化」は自民党に投票する理由の1つとして統計的に有意な効果を持つ独立変数であるが，これも男女全体と男性だけを比較した場合，係数が大きくなっている。しかし，その影響は回帰係数から見て「自衛隊」や「国連」ほど大きくはない。また「女性政治家の増加」という争点は，男性の投票選択には有意な影響を持っていないが，係数の符号が負に逆転している。

統制変数として投入された政治的関心は，ここでは有意な効果を持っていない。また政治的情報量を示す変数も5％水準では有意ではない。しかしこのうち，争点の重要性評価がわからないという「争点評価DK」の有意確率は5.1％で，かつ負の回帰係数を持っている。このことは争点の重要性評価ができない男性ほど，自民党以外に投票する傾向があったことを示す。保革自己認知DKは回帰係数の大きさに比べ標準誤差が大きく，5％水準では有意でないが，全体で推定した場合と同様に正の係数を持っており，保革自己認知が「わからない」人ほど自民党に投票する傾向がここでも現れている。

社会経済的変数としては，年齢がここでも有意な正の係数を示しており，男性においても年齢が高いほど自民党に投票する傾向が現れている。15大都市居住は有意な効果を持っていない。

なおモデルの当てはまりを示す諸指標をモデル4と5で比較すると，疑似決定係数と判別率についてはモデル5のほうがよいが，AIC（Akaike Information Criterion）についてはモデル4のほうが優っている。

【性別ごとの推定2：女性】

　同様の分析を女性に対して行ったモデル6を見よう。まず大きな変化として，小泉に対する感情温度が有意でないことを指摘できる。念のため，男女間で小泉に対する感情温度において大きな差があるかどうかを箱ヒゲ図や t 検定などで確認してみたが，有意差を見出すことはできなかった。平均値は男性が58.7度で女性が60.5度である。標準偏差は男性が26.1，女性が23.8である。Levene検定により等分散性の仮定は棄却されるが，平均値に有意差はない。

　投票理由を示す変数では，男性において有意でなかった「団体・組合推薦」「実績」などが投票選択の理由として有意となっている。「団体・組合推薦」は回帰係数の符号が負であることから自民党以外の政党への投票へと結びつき，「実績」は逆に正の回帰係数を示していることから自民党への投票となる傾向がうかがえる。

　争点についても男女差を確認することができる。男性と対照的なのは，女性においては「年金問題」が負の係数を持つ一方で，男性においては有意な「景気・失業・物価」といった経済問題が有意とならないことである。また男性において有意な変数ではなかった「女性政治家の増加」は，女性においては争点として考慮されているのみならず係数も大きい。女性候補を積極的に擁立した自民党の選挙戦術が奏功したことがうかがえる。

　性別を超えて有意な効果を持つ争点としては「自衛隊のイラク派遣」「国連常任理事国入り」「郵政民営化」があるが，いずれも係数の絶対値は男性のそれに及ばない。この中では「国連常任理事国入り」が相対的に大きな係数を示しているが，それでも「女性政治家の増加」よりやや小さい。

　政治的関心は女性の投票選択においても有意な変数ではない。また，政治的情報量を示す3つの変数も統計的に有意といえない。男性と同様に保革自己認知は正の係数を示してはいるが，有意確率は8.8％であり5％水準をクリアしない。年齢はここでも有意な正の係数を持っており，高齢者ほど自民党に投票する傾向を示している。

　モデル5と6の適合性指標を比較すると，いずれにおいても男性のほうが女性よりもモデルの当てはまりがよい。なお以上のモデルに主婦を1，それ以外の女性を0としたダミー変数を加えてさらなる推定を行なってみたが，このダミー変数は有意ではなかったし，モデルの適合度を若干下げた以外に

特に大きな変化は起こらなかった[28]。

推定結果を全体としてみたときに気づくのは，男女を分けて推定すると政治的関心や政治的情報量の効果がなくなってしまうことである。これらの変数におけるジェンダー・ギャップを確認して見ると，女性は男性よりも有意に政治的関心が低く，争点評価におけるDKが多く，保革自己認知におけるDK率が高く，政党の保革位置についてもDK数が多い傾向が現れる。男女別に推定するとこの効果が消えてしまうのは，これらの変数において男女間の差が大きく，男性集団内，女性集団内の差が相対的に小さいからである。

また，15大都市居住ダミー変数はいずれにおいても有意な変数ではなかった。もともと都市部で弱かった自民党が都市部でも躍進したことの反映であろうか。いずれにしても2005年衆院選の投票方向選択において大都市居住があまり効果を持たなかったことは疑いない。

なお以上のような分析を小選挙区投票についても行ったところ，政治的情報量と投票方向の関係はどの分析においても有意でなかった。また政治的情報量を示す変数について交互作用項を作成し分析に投入しても効果はなかった。

5．まとめ

以上の分析結果を踏まえて，当初の問いに答えよう。2005年衆院選において小泉自民党を勝たせたのは，政治についての情報をあまり持たない有権者，某広告代理店いうところのいわゆるB層だったのだろうか。本論の分析結果を見る限り，低情報投票者が自民党に流れたとは結論しがたい。確かに，女性や高齢者といった要因が自民党にとってプラスに働いており，これらの層が政治的情報量から見てB層を形成していることは言える。ただし，政治的情報量の効果は性別をコントロールすればあまり大きなものではなく，男女別のモデル推定において政治的情報量を示す変数は統計的に有意な効果を持たなかった。よって情報の多寡ないし政治的認知度が投票方向を強

---

28 Baysian Information Criterionによるモデルの評価は，主婦ダミーを加えないモデルを支持した。なお分析対象となっている1250名のうち，女性は675名，うち主婦は249名である。

力に決定したとは言えない。情報を持っている投票者とそうでない投票者の間で，投票政党選択の基準が大きく異なることはなかったのである。

　このことは，政治的に無知な有権者を小泉首相がメディア選挙で動員することで選挙に勝ったというようなイメージが，少なくともわれわれのデータによっては支持されなかったことを示している。もちろん，このような層が以前の選挙において自民党以外に投票ないしは棄権していた層で，2005年において自民党に投票したことが大きく自民党を利したという説明の可能性は，まだ完全には排除されていない。それについては他のデータなどで確認する必要がある[29]。しかし，推定されたモデルにおいて「メディアを介した親しみ」が一貫して負の係数しか示さなかったことは，メディアによる小泉ポピュリズムの勝利という説明図式とそぐわない。

　本論の分析からは，有権者がその政治的情報量の多寡に関わらず，それなりの理由と推論に基づいて投票選択を行っているように映る。一見，「小泉の小泉による小泉のための」選挙であるように見えた2005年衆院選もデータを分析してみると，小泉人気で自民党が勝利したというほどの強い直接効果を小泉に対する感情温度によって検出することはできなかったし，女性においては有意でさえなかった。また，小泉内閣が前面に打ち出した「郵政民営化」も係数を見れば飛びぬけた影響力を持っていたわけではないことがわかる。

　有権者は争点の重要性の評価や，自己の保革認知，政党の保革位置などについてうまく答えることができなくても，争点を考慮しそれなりの推論によって投票先を選択している。日常，政治に対して払う関心の程度をコントロールしてもなおそのことが言える。少なくとも本論の分析結果からは，低情報投票者は愚かで情報操作に踊らされるだけの存在ではなさそうである。

　選挙後の世論調査によれば有権者の多くが，自民党のこれほどまでの大勝を予測してはいなかった[30]。このこともまた，衆院選の自民党大勝を小泉ポ

29　ただしパネル・データでは低情報量投票者が標本から脱落している可能性が，ワン・ショットのサーヴェイ・データよりも大きい。また，明るい選挙推進協会の調査データは同一の形式で複数の選挙をカバーしているが，こちらは政治選択についての項目に不足があり，本論のような分析が難しい。

30　朝日新聞社による調査では，55％の有権者にとって今回の自民党大勝は驚きであった（『朝日新聞』2005年（平成17年）9月14日1面，4面）。

ピュリズムの結果とみなす根拠の1つとなっているわけであるが，本論の分析結果はこの問題に関するより慎重な議論の必要性を示唆している。

そもそも政治的意思決定がもたらす結末は多くの場合，専門家であるはずの政治家にとっても，それを研究している政治学者にとっても常に不確実性を含んでいる。多くの有権者は，不確実性の制約の下で見込みのありそうな政党や政治家に一票を預け，その選択に未来を託す[31]。その際にAchen and Bartels (2002) がblind retrospectionと呼んだような，理性的と言いがたい業績評価が有権者によって行われる可能性も確かに皆無ではない。しかし将来にわたってそのような可能性を排除するためにも，政治家の戦略的行動に対する有権者の反応に関して信頼性の高いデータと実証分析を蓄積する作業が不可欠である。今後の課題として，政治的知識や情報と政治的能力（political competence）相互の関係についてさらなる研究と議論の蓄積が必要であることは疑いない。

最後に本論から派生する具体的な課題を挙げておこう。まず第1に，本論のモデルにはメディア視聴，社会的ネットワークの効果，周囲からの動員などといった要因が含まれていないので，これらの効果については何も言えないし[32]，またキャンペーンの効果についても言及できない。第二に，今回は争点の重要性に対する評価，自己や政党の保革位置に対する認知などにおけるDK回答などを用いて有権者の政治的情報量を示す指標を作成したが，より適切な手法の存在についても検討の余地がある。これらの点について本論の執筆を期にさらに研究を深めたい。

本論の分析はその他にも，今後のさらなる分析の課題となりうる論点について幾つかの注目すべき結論を導き出している。まず，男女別のモデル推定によって，投票の理由付けにおける男女の共通性と差が明快に現れた。女性政治家の増加という争点への考慮においてそれは顕著であるし，また経済問題や教育問題については男性が，年金問題については女性が投票選択の際の争点として考慮していたことも明らかになった。これらの結果はPatterson

---

31 もちろんこのことは投票以外の政治参加や政治的意思表示を排除することを意味しない。

32 Martin (2006) はJEDS2000データを分析して，女性の投票選択における配偶者の影響力はあまり大きくないと論じている。

and Nishikawa（2002）などの先行研究と整合的である。ただモデルの適合性指標は常に，男性よりも女性においてほぼ一貫して低かった。Matsuda（2005）は女性における自民党支持の相対的低さの原因を女性の経済力に求めているが，2005年衆院選においてこの点が大きく改善されたとも思われないことから，短期的な戦術としての女性候補者の擁立が自民党勝利の大きな要因であろうとは推測される[33]。しかし，女性候補の擁立に自民党より以前に熱心に取り組んできた他の政党が，これまでの選挙において大きな収穫を必ずしも獲得し得なかったことを思えば，なぜ今回の自民党の女性候補擁立が効果的であったのかについてはより精密な議論が必要である。

またDK回答におけるジェンダー・ギャップの存在は，本論の分析によっても示されている。重要なことはジェンダー・ギャップの存在を確認することではなく，その発生メカニズムを明らかにすることである。残された謎は多く，その解明までにはまだ長い道が残されている。

《謝辞》

　本論は東北大学21世紀COEプログラム「男女共同参画社会の法と政策」（拠点リーダー辻村みよ子東北大学大学院法学研究科教授）における政治クラスターの研究成果の一つである。このクラスターに私を招いて下さった川人貞史氏にまず御礼申し上げる。川人氏が組織された研究チームのメンバーである平野浩，増山幹高，岩本美砂子，相内真子の各氏には仙台での研究会内外を問わず多くのご教示をいただいている。

　同時に本論は日本学術振興会科学研究費補助金基盤研究(B)「世界現象としての「ポピュリズム」？－グローバル化との関連を中心に」（課題番号17330028，研究代表者木村幹）の中間的な成果でもある。木村氏をはじめ研究プロジェクトのメンバーである大嶽秀夫，下斗米伸夫，松本充豊の各氏に感謝している。また本論の作成に当たっては，日本学術振興会科学研究費補助金基盤研究(C)「日本型市民社会の変容と政治過程への影響」（課題番号17530119，研究代表者山田真裕）によっても便宜を得た。

　ワーキング・ペーパーを公開し，多忙な時間を割いて議論の相手になってくれ，さらに別のワーキング・ペーパーをも送ってくれたArthur Lupia氏，トロント訪

---

[33] なお小選挙区への投票を自民党とそれ以外として行った同様の分析結果においては，「女性政治家の増加」は争点として考慮されていない。このことは有権者全体の推定においても，男女別推定においても同様であった。

問の際にMilner（2002）の存在をご教示いただいたのみならず，実際に書店までご案内いただいたLawrence LeDuc氏のご厚意も忘れがたい。Gill Steel，松田なつ，Sherry Martinの各氏からはそれぞれ刺激的な学会報告論文を頂戴した。稲葉哲郎氏からはDK回答についての研究についてご教示いただいた。

　本論の草稿に直接コメントを下さったのは境家史郎，浅羽祐樹，加藤淳子，増山幹高，竹中佳彦の各氏である。

　以上の皆様にこの場を拝借して感謝申し上げる。

《付録》 東北大COE調査

比例区投票の理由についての設問文(Q14SQ4)：比例区投票者対象
「その政党に投票した主な理由は何ですか．この中から当てはまると思われるものをいくつでもあげてください．」
 1 (ア)地元の利益を代表しているから
 2 (イ)事業の商売の上での利益代表だから
 3 (ウ)勤労者の立場を代表しているから
 4 (エ)生活の上でいろいろな利益を代表しているから
 5 (オ)その政党や候補者の政策や主張に賛成だから
 6 (カ)団体や組合が推薦しているから
 7 (キ)支持している政党の候補者だから
 8 (ク)政治の現状をあらためるのにふさわしい政党だから
 9 (ケ)テレビや新聞，雑誌などを通じて，なんとなく親しみを感じているから
 10 (コ)これまでに実績があるから
 11 (サ)その他(具体的に)

投票に際して考慮した争点についての設問文(Q14SQ5)：比例区投票者対象
「投票にあたって考慮した問題は何ですか．この中から当てはまると思われるものをいくつでもあげてください．」
 (1)高齢者福祉　(2)年金問題　(3)景気・失業・物価　(4)税金問題
 (5)教育問題　(6)公害・環境　(7)治安・安全　(8)防衛問題
 (9)自衛隊のイラク派遣　(10)日本の国連常任理事国入り
 (11)政治改革・政治倫理　(12)行政改革　(13)郵政公社民営化
 (14)地方分権　(15)規制緩和　(16)託児施設の充実　(17)単親家庭の支援
 (18)男性育児休暇制度の充実　(19)女性の社会進出支援
 (20)女性政治家の増加　(21)少子化対策　(22)男女共同参画の推進
 (23)ドメスティック・バイオレンスの防止　(24)その他(　　　)

争点の重要性評価についての設問文(Q 25)：全員対象
「社会や政治においてはさまざまな問題がありますが，あなたは(1)から(23)のような問題についてどれほどの重要性をお感じでしょうか．まったく重要と感じなければ1，きわめて重要だと感じれば10として，1から10の10段階でお答えください．まず，(1)についてはいかがですか．」
 (1)高齢者福祉　(2)年金問題　(3)景気・失業・物価　(4)税金問題
 (5)教育問題　(6)公害・環境　(7)治安・安全　(8)防衛問題
 (9)自衛隊のイラク派遣　(10)日本の国連常任理事国入り
 (11)政治改革・政治倫理　(12)行政改革　(13)郵政公社民営化

(14)地方分権　(15)規制緩和　(16)託児施設の充実　(17)単親家庭の支援
(18)男性育児休暇制度の充実　(19)女性の社会進出支援
(20)女性政治家の増加　(21)少子化対策　(22)男女共同参画の推進
(23)ドメスティック・バイオレンスの防止

保革自己認知ならびに政党の保革認知についての設問文(Q6)：全員対象
(1)「ところで，よく保守的とか革新的とかいう言葉が使われていますが，あなたの政治的な立場は，この中のどの番号に当たりますか．1が革新的で10が保守的です．2～9の数字は5，6の間を中心に，左によるほど革新的，右によるほど保守的，という意味です．」
(2)「主な政党の立場を同じように表現すると，それぞれ番号のどこに当たるとお考えですか．」
　　A　自由民主党　B　民主党　C　公明党　D　日本共産党　E　社会民主党

政治的(無)関心に関する設問(Q1)：全員対象
「選挙のある，なしに関わらず，いつも政治に関心を持っている人もいますし，そんなに関心を持たない人もいます．あなたは政治上のできごとに，どれくらい注意を払っていますか．この中からひとつだけお答えください．」
　　(1)かなり注意を払っている　(2)やや注意を払っている
　　(3)あまり注意を払っていない　(4)ほとんど注意を払っていない
　　(5)わからない　(6)無回答

《注記》読点，太字は原文のままである．

引用文献

【和文】(あいうえお順)

相田真彦・池田謙一. 2005.「縦断的調査における非等確率抽出と欠測の問題」『選挙学会紀要』(5): 5-21.

———. 2006.「欠測ウェイトに伴うウェイトについて」池田謙一・小林良彰・平野浩『特別推進研究　21世紀初頭の投票行動の全国的・時系列的調査研究－平成13～17年度科学研究費補助金(特別推進研究)研究成果報告書および2005年衆議院選挙のパネル調査コードブック－』, 19-22. SSJデータアーカイヴ作成データ配布用CD－ROM所収.

浅野正彦. 2003.「欠損データの分析法」『選挙学会紀要』(1): 101-123.

荒木俊夫・相内俊一・川人貞史・蓮池譲. 1983.『投票行動における連続と変化－札幌市の場合』木鐸社.

飯田健. 2009.「『失望』と『期待』が生む政権交代：有権者の感情と投票行動」田中ほか(2009), 131-152.

———. 2013a.「調査票の作成：組織としての意思決定のあり方に着目して」日野・田中(2013): 43-53.

———. 2013b.「社会的望ましさバイアス：CASI効果による軽減」日野愛郎・田中愛治編『世論調査の新しい地平　CASI式世論調査』勁草書房, 2013年, 第11章, 235-249.

———. 2016.『有権者のリスク態度と投票行動』木鐸社.

飯田健・松林哲也・大村華子. 2015.『政治行動論　有権者は政治を変えられるのか』有斐閣.

池田謙一. 2002.「2000年衆議院選挙における社会関係資本とコミュニケーション」『選挙研究』(17): 5-18.

———. 2004.「2001年参議院選挙と『小泉効果』」『選挙研究』(19): 29-50.

———. 2005.「2003年衆議院選挙・2004年参議院選挙の分析－期待の政治の1つの帰結と有権者」日本政治学会編『年報政治学2005－Ⅰ　市民社会における参加と代表』木鐸社, 36-65.

———. 2007.『政治のリアリティと社会心理：平成小泉政治のダイナミックス』木鐸社.

池田謙一・小林良彰・西澤由隆・平野浩. 2002.『特別推進研究　21世紀初頭の投票行動の全国的・時系列的調査研究－2001年参議院選挙のパネル調査コードブック－』平成14年3月.

石川真澄・広瀬道貞. 1989.『自民党－長期支配の構造』岩波書店.

稲葉哲郎. 1998.「政治的知識の測定」『立命館産業社会論集』(34; 2): 1-15.

今井亮佑. 2008a.「政治的知識の構造」『早稲田大学政治経済学雑誌』第370号,

22-35.
――. 2008b.「政治的知識と投票行動－『条件付け効果』の分析」日本政治学会編『年報政治学　2008－Ⅰ　国家と社会　統合と連帯の政治学』木鐸社, 280-305.
――. 2013.「ランダマイゼーション：『回答順序効果』の検証」日野・田中（2013）: 217-233.
岩崎学. 2002.『不完全データの統計解析』エコノミスト社.
内田満・三宅一郎. 2000.「座談会：選挙研究事始めの頃」『選挙研究』(15): 56-64.
遠藤晶久. 2009.「業績評価と投票」山田・飯田（2009）: 141-165.
遠藤晶久・日野愛郎. 2013.「データ公開」日野・田中（2013）: 187-213.
大嶽秀夫. 1994.『戦後政治と政治学』東京大学出版会.
――. 1997.『政界再編の研究－新選挙制度による総選挙』有斐閣.
――. 2003.『日本型ポピュリズム　政治への期待と幻滅』中公新書1708.
――. 2006.『小泉純一郎 ポピュリズムの研究－その戦略と手法』東洋経済新報社.
蒲島郁夫. 1988.『政治参加』東京大学出版会.
――. 1998.『政権交代と有権者の態度変容』木鐸社.
――. 2004.『戦後政治の軌跡－自民党システムの形成と変容』岩波書店.
蒲島郁夫・今井亮佑. 2001.「2000年総選挙－党首評価と投票行動」『選挙研究』(16): 5-17.
川人貞史. 1980a.「アメリカ政治の『変容』と政治学（1）」『北大法学論集』31 (1): 378-314.
――. 1980b.「アメリカ政治の『変容』と政治学（2・完）」『北大法学論集』31 (2): 514-453.
――. 2004.『選挙制度と政党システム』木鐸社.
川人貞史・吉野孝・平野浩・加藤淳子. 2011.『新版　現代の政党と選挙』有斐閣.
神林博史. 2005.「政治的態度におけるDK回答と政治的行動」『社会学評論』(56; 2): 452-463.
河野勝. 2009.「選挙結果から見た民主党圧勝，自民党大敗の構図」田中ほか（2009）第2章, 27-57.
小林良彰. 2008.『制度改革以降の日本型民主主義』木鐸社.
――. 2009.「内閣業績評価と投票行動」2009年度日本政治学会分科会A2（内閣支持と投票行動）報告論文.
――. 2013.「有権者意識の継続と変化」2013年度日本政治学会研究大会（2013年9月16日北海学園大学）分科会D-3「第46回衆院選にみる有権者意識の分析」報告論文.
――. 2016.『代議制民主主義の計量分析』木鐸社.

境家史郎．2005a．「政治的情報と有権者の選挙行動－日本の選挙におけるキャンペーンの効果」『日本政治研究』(2; 1): 74-110.
──．2005b．「日本の選挙過程における情報フロー構造」『レヴァイアサン』(36): 146-179.
佐々木毅．1999．『政治改革1800日の真実』講談社．
菅原琢．2009．『世論の曲解　なぜ自民党は大敗したのか』光文社新書434．
杉山明子．1983．「『無回答』の分析－回答しにくい質問と回答しない人たち」『放送研究と調査』(33; 8): 58-63.
世耕弘成．2005a．「すべてセオリー通り，です」『論座』2005年11月号，朝日新聞社，59-66．
──．2005b．『プロフェッショナル広報戦略』ごま書房．
善教将大．2016．「社会期待迎合バイアスと投票参加：リスト実験による過大推計バイアスの軽減」『法と政治』(66; 4): 1-21.
宋財泫・善教将大．2016．「コンジョイント実験の方法論的検討」『法と政治』(67; 2): 611-652.
髙見勝利．2006．「政治の『大統領化』と二元的立法過程の『変容』？」『ジュリスト』1311（5月1・15日合併号），48-63．
田中愛治・河野勝・日野愛郎・飯田健・読売新聞世論調査部．2009．『2009年，なぜ政権交代だったのか　読売・早稲田の共同調査で読みとく日本政治の転換』勁草書房．
谷口将紀・菅原琢・蒲島郁夫．2005．「自民にスウィングした柔らかい構造改革派」『論座』11月号，93-104．
西澤由隆・栗山浩一．2010．「面接調査におけるSocial Desirability Bias－その軽減へのfull-scale CASIの試み」『レヴァイアサン』46: 51-74.
日本再建イニシアティブ．2013．『民主党政権失敗の検証　日本政治は何を活かすか』中央公論新社．
日野愛郎．2009．「階級投票衰退後のヨーロッパにおける投票行動研究」山田真裕・飯田健編『投票行動研究のフロンティア』おうふう，第4章，55-74．
日野愛郎・田中愛治．2013．『世論調査の新しい地平　CASI方式世論調査』勁草書房．
平野浩．2005．「小泉内閣下の国政選挙における業績評価投票」日本政治学会編『年報政治学2005－Ⅰ　市民社会における参加と代表』木鐸社，66-78．
──．2007．『変容する日本の社会と投票行動』木鐸社．
平野浩・小林良彰・池田謙一・山田真裕．2008．『特別推進研究　変動期における投票行動の全国的・時系列的調査研究《課題番号19001001》－2007年参議院選挙後調査コードブック』mimeo.
──．2009．『特別推進研究　変動期における投票行動の全国的・時系列的調査研究《課題番号19001001》－2009年衆議院選挙前後調査コードブック』

mimeo.
福島新吾．2003．「社会科学としての政治研究－一九四七～五四」『専修大学社会科学研究所月報』（486）: 1-23.
堀内勇作・今井耕介・谷口尚子．2005．「政策情報と投票参加－フィールド実験による検証－」日本政治学会編『年報政治学2005－Ⅰ　市民社会における参加と代表』木鐸社，161-180.
前田幸男．2011．「内閣支持率と与党支持率」樋渡展洋・斎藤淳編『政党政治の混迷と政権交代』東京大学出版会，219-243,
前田幸男・堤英敬．2015．『統治の条件　民主党に見る政権運営と党内統治』千倉書房．
三浦麻子・小林哲郎．2015a．「オンライン調査モニタのSatisficeに関する実験的研究」『社会心理学研究』31（1）: 1-12.
——．2015b．「オンライン調査モニタのSatisficeはいかに実証的知見を毀損するか」『社会心理学研究』31（2）: 120-127.
——．2016．「オンライン調査におけるSatisficeを検出する技法：大学生サンプルを用いた検討」『社会心理学研究』32（2）．DOI: http://dx.doi.org/10.14966/jssp.0932.
三村憲弘・荒井紀一郎．2013．「レスポンスタイム：調査を観察してわかること」日野・田中(2013): 251-265.
三宅一郎．1989．『投票行動』東京大学出版会．
——．1995．『日本の政治と選挙』東京大学出版会．
——．2001．『選挙制度改革と投票行動』木鐸社．
森川友義・遠藤晶久．2005．「有権者の政治知識に関する実証分析－その分布と形成に関する一考察－」『選挙学会紀要』(5): 61-77.
薬師寺泰蔵．1987．『政治家 vs 官僚——サプライサイド政治学の提唱』東洋経済新報社．
山口二郎．1999．『危機の日本政治』岩波書店．
山﨑新．2013．「訪問記録と監査調査」日野・田中(2013): 149-185.
山田真裕．2005．「2004年参院選における自民党からの離反と小泉評価」日本政治学会編『年報政治学　2005－Ⅰ　市民社会における参加と代表』88-105.
——．2006．「2005年衆院選における自民党投票と政治的情報量」『レヴァイアサン』39: 11-37.
——．2009．「日本におけるswing voting」2009年度日本政治学会分科会A2（内閣支持と投票行動）報告論文．
——．2010．「2009年総選挙における政権交代とスウィング・ヴォーティング」『選挙研究』(26;2): 5-14.
——．2012．「2009年衆院選におけるスウィング・ヴォーターの政治的認知と政治的情報環境」『政策科学』（19; 3）163-178.

———. 2015.「有権者調査の現状と課題」『法と政治』(66; 1): 91-107.
———. 2016.『政治参加と日本の民主政治』東京大学出版会.
山田真裕・飯田健. 2009.『投票行動研究のフロンティア』おうふう.
山田真裕・尾野嘉邦. 2015.「DK回答と社会的望ましさ」2015年日本選挙学会報告論文.
綿貫譲治・三宅一郎・猪口孝・蒲島郁夫. 1986.『日本人の選挙行動』東京大学出版会.

【英文】（アルファベット順）

Aarts, Kees, André Blais, and Hermann Schmitt. (eds.) 2013. *Political Leaders and Democratic Elections*. Oxford University Press.

Achen, Christopher H., and Larry M. Bartels. 2002. "Blind Retrospection: Electoral Responses to Drought, Flu, and Shark Attacks." Prepared for the presentation at the Annual Meeting of the American Political Science Association, Boston, August 28-September 1.

———. 2004. "Musical Chairs: Pocketbook Voting and the Limits of Democratic Accountability." Prepared for presentation at the Annual Meeting of the American Political Science Association, Chicago, September 1-5.

———. 2006. "It Feels Like We're Thinking: The Rationalizing Voter and Electoral Democracy." Prepared for presentation at the Annual Meeting of the American Political Science Association, Philadelphia, August 30-September 3.

———. 2007. "Tumbling Down into a Democratical Republick." Prepared for presentation at the Annual Meeting of the Midwest Political Science Association, Chicago, April 12-15.

———. 2016. *Democracy for Realists: Why Elections Do Not Produce Responsive Government*. Princeton University Press.

Aldrich, John H. and Kathleen M. McGraw. 2012. *Improving Public Opinion Survey: Interdisciplinary Innovation and the American National Election Studies*. Princeton University Press.

Alvarez, R. Michael, and John Brehm. 2002. *Hard Choices, Easy Answers: Values, Information, and American Public Opinion*. Princeton University Press.

Bartels, Larry M. 2008a. *Unequal Democracy: The Political Economy of the New Gilded Age*. Princeton University Press and Russell Sage Foundation.

———. 2008b. "The Irrational Electorate." *The Wilson Quarterly* (32; 4): 44-50.

Bennett, Stephen Earl. 1989. "Trends in Americans' Political Information, 1967-1987." *American Politics Research* 17: 422-435.

Berelson, Bernard, Paul Felix Lazarsfeld, and William Norwell McPhee. 1954. *Voting: A Study of Opinion Formation in a Presidential Campaign*. The University of Chicago Press.

Berinsky, Adam J.. 2004. *Silent Voices: Public Opinion and Political Participation in America*. Princeton University Press.

Brown, Adam R. 2010. "Are Governors Responsible for the State Economy? Partisanship, Blame, and Divided Federalism." *The Journal of Politics* (72; 3): 605-615.

Brug, Wouter van der, Cees van der Eijk, and Mark Franklin. 2007. *The Economy and the Vote: Economic Conditions and Elections in Fifteen Countries*. Cambridge University Press.

Butler, David, and Donald Stokes. 1974. *Political Change in Britain: The Evolution of Electoral Choice*. 2nd Edition, St. Martins.

Campbell, Angus, Philip E. Converse, Warren E. Miller, and Donald E. Stokes. 1960. *The American Voter*. John Wiley and Sons.

Caramani, Daniel. 2004. *The Nationalization of Politics: The Formation of National Electorates and Party Systems in Western Europe*. Cambridge University Press.

Clarke, Harold D., David Sanders, Marianne C. Stewart, and Paul F. Whiteley. 2009. *Performance Politics and the British Voter*. Cambridge University Press.

Converse, Philip E., 1964. "The Nature of Belief Systems in Mass Publics," in David E. Apter (eds.) *Ideology and Discontent*. Free Press.=2006. "The Nature of Belief Systems in Mass Publics (1964)." *Critical Review: A Journal of Politics and Society*, (18:1-3): 1-74.

Delli Carpini, Michael X., and Scott Keeter. 1996. *What Americans Know about Politics and Why It Matters*. Yale University Press.

Duch, Raymond M., and Randolph T. Stevenson. 2009. *The Economic Vote: How Political and Economic Institutions Condition Election Results*. Cambridge University Press.

Flanagan, Scott C., Shinsaku Kohei, Ichiro Miyake, Bradley M. Richardson, and Joji Watanuki. 1991. *The Japanese Voter*. Yale University Press.

Green, Donald P., and Alan S. Gerber. 2008. *Get Out the Vote: How to Increase Voter Turnout 2nd Edition*. Brookings Institution Press.

Healy, Andrew and Neil Malhotra. 2009. "Myopic Voters and Natural Disaster Policy". *American Political Science Review* (103): 387-406.

Hillygus, D. Sunshine, and Todd Shields. 2008. *The Persuadable Voter: Wedge Issues in Presidential Campaigns*. Princeton University Press.

Hobolt, Sara, Eva Anduiza, Ali Carkoglu, Georg Lutz, and Nicolas Sauger. 2016. "Democracy Divided? People, Politicians and the Politics of Populism." CSES Planning Committee Module 5 Final Report, downloadable from http://www.cses.org/plancom/module5/CSES5_ContentSubcommittee_FinalReport.pdf.

Hutchings, Vincent L. 2003. *Public Opinion and Democratic Accountability: How Citizens Learn about Politics*. Princeton University Press.

Ikeda, Ken'ichi. 2010. "Social Networks, Voting and Campaign Participation in Japan: The Interpersonal Political Environment and the Autonomous Dimension of Social Networks."

In Wolf, Morales, and Ikeda (2010): 162-182.
Ikeda, Ken'ichi, James Liu, Masahiko Aida, and Marc Wilson. 2005. "Dynamic of Interpersonal Political Environment and Party Identification: Longitudinal Studies of Voting in Japan and New Zealand." *Political Psychology* (26): 517-542.
Jacobs, Lawrence R., and Robert Y. Shapiro. 2000. *Politicians Don't Pander: Political Manipulation and the Loss of Democratic Responsiveness*. The University of Chicago Press.
Kabashima, Ikuo, and Gill Steel. 2005. "The Mass Media and the Emergence of Junichiro Koizumi as a Populist Politician." Prepared for the Annual Meeting of the American Political Science Association, Washington D.C. September 1.
Kawato, Sadafumi. 1987. "Nationalization and Partisan Realignment in Congressional Elections." *American Political Science Review* (81; 4): 1235-1250.
Kernell, Samuel. 1997. *Going Public: New Strategies of Presidential Leadership*, 3rd edition, CQ Press.
Klingemann, Hans-Dieter. 2009. *The Comparative Study of Electoral Systems*. Oxford University Press.
Krauss, Ellis S., and Benjamin Nyblade. 2005. "'Presidentialization' in Japan? The Primeminister, Media, and Elections in Japan," *British Journal of Political Science*, 35 (2): 357-68.
Krosnick, Jon A. 1991. "Response Strategies for Coping with the Cognitive Demands of Attitude Measures in Surveys." *Applied Cognitive Strategy* (5): 213-236.
Krosnick, Jon A., and Arthur Lupia. 2012a. "The American National Election Studies and the Importance of New Ideas." Aldrich and McGraw (2012): 9-22.
――. 2012b. "How the ANES Used Online Commons Proposals and Pilot Study Reports to Develop Its 2008 Questionnaire." Aldrich and McGraw (2012): 363-379.
Kushida, Kenji, and Phillip Y. Lipscy. 2013. *Japan under the DPJ: The Politics of Transition and Governance*. The Walter H. Shorenstein Asia-Pacfic Research Center.
Lau, Richard and David P. Redlawsk. 2001. "Advantages and Disadvantages of Cognitive Heuristics in Political Decision Making." *American Journal of Political Science* 45 (4): 951–971.
Lin, Nan. 2001. *Social Capital: A Theory of social Structure and Action*. Cambridge University Press. ＝ 2008. 筒井淳也／石田光規／桜井正成／三輪哲／土岐智賀子訳『ソーシャル・キャピタル　社会構造と行為の理論』ミネルヴァ書房.
Lin, Nan, and Bonnie H. Erickson. 2008. *Social Capital: An International Research Program*. Oxford University Press.
Lupia, Arthur. 1994. Shortcuts Versus Encyclopedias: Information and Voting Behavior in California Insurance Reform Elections. *American Political Science Review* 88: 63-76.
――. 2004. "Questioning Our Competence: Tasks, Institutions, and the Limited Practical

Relevance of Common Political Knowledge Measures." Unpublished manuscripts.
———. 2006. "How Elitism Undermines the Study of Voter Competence." *Critical Review* (18; 1): 217-232.
———. 2016. *Uninformed: Why People Know So Little about Politics and What We Can Do about it.* Oxford University Press.
———. and Mathew D. McCubbins. 1998. *The Democratic Dilemma: Can Citizens Learn What They Need to Know?* Cambridge University Press. ＝ 2005. 山田真裕訳『民主制のディレンマ－市民は知る必要のあることを学習できるか？－』木鐸社.
Lupia, Arthur, and Jesse. O. Menning. 2007 "Politics and the Equilibrium of the Fear: Can Strategies and Emotions Interact," In Ann Crigler, Michael MacKuen, George Marcus, and W. Russell Neuman (eds.) *The Affect Effect: Dynamics of Emotion in Political Thinking and Behavior*, The University of Chicago Press, 337-356.
———. 2009 "When Can Politicians Scare Into Supporting Bad Policies? Strategy and Emotion in an Equilibrium of Fear," *American Journal of Political Science* (53;1): 90-106.
Luskin, Robert C.. 2002. "From Denial to Extenuation (and Finally Beyond): Political Sophistication and Citizen Performance." In James H. Kuklinski (eds.) *Thinking About Political Psychology*. Cambridge University Press, 281-305.
Martin, Sherry. 2006. "Keeping Women in Their Place: Spousal Influence and Vote Choice in Japan." Prepared for the Annual Meeting of the Southern Political Science Association, Atlanta, GA on 4-7 January.
Matsuda, Natsu. 2005. "The Japanese Partisan Gender Gap: Why Are Women Less Likely to Support the Ruling Party than Men?" Prepared for the Annual Meeting of the American Political Science Association, Washington D C, September 1-4.
McElwain, Kenneth Mori. 2012. "The Nationalization of Japanese Elections." *Journal of East Asian Studies* (12; 3): 323-350.
Milner, Henry. 2002. *Civic Literacy: How Informed Citizens Make Democracy Work.* University Press of New England.
Miura, Asako, and Tetsuro Kobayashi. 2016. "Survey Satisficing Inflates Stereotypical Responses in Online Experiment: The Case of Immigration Study." *Frontiers in Psychology*, 7:1563. doi: 10.3389/fpsyg.2016.01563.
Moffitt, Benjamin. 2016. *The Global Rise of Populism: Performance, Political Style, and Representation.* Stanford University Press.
Nishizawa, Yoshitaka. 2009. "Economic Voting: Do Institutions Affect the Way Voters Evaluate Incumbents?" Hans-Dieter Klingemann (ed.) *The Comparative Study of Electoral Systems.* Oxford University Press, 193-219.
Page, Benjamin I., and Robert Y. Shapiro. 1992. *The Rational Public: Fifty Years of Trends in Americans' Policy Preferences.* The University of Chicago Press.

Patterson, Dennis, and Misa Nishikawa. 2002. "Political Interest or Interest in Politics? Gender and Party Support in Postwar Japan." *Women and Politics* 24 (2):1-34.

Pekkanen, Robert, Steven R. Reed, and Ethan Scheiner. 2013. *Japan Decides 2012: The Japanese General Elections of 2012*. New York: Palgrave.

Popkin, Samuel L. 1991. *The Reasoning Voter: Communication and Persuasion in Presidential Campaigns*. The University of Chicago Press.

Price, Vincent. 1999. "Political Information." In John P. Robinson, Phillip R. Shaver, and Lawrence S. Wrightsman (eds.) *Measures of Political Attitudes*. Academic Press, pp.591-639.

Rapoport, Ronald. 1982. "Sex Differences in Attitude Expression: A General Explanation." *Public Opinion Quarterly* 46: 86-96.

Riker, William H. 1982. *Liberalism Against Populism: A Confrontation Between the Theory of Democracy and the Theory of Social Choice*. W. H. Freeman and Company. (森脇俊雅訳『民主的決定の政治学』芦書房，1991年）= 1988. Re-issued by Waveland Press.

Scheiner, Ethan. 2006. *Democracy without Competition in Japan: Opposition Failure in a One-Party Dominant State*. Cambridge University Press.

Steel, Gill. 2003. "Gender and Voting Preference in *Japanese Lower House Elections*." *Japanese Journal of Political Science* 4 (1): 1-39.

Streb, Matthew J., Barbara Burrell, Brian Frederick, and Michael A. Genovese. 2008. "Social Desirability Effects and Support for a Female American President." *Public Opinion Quarterly* (72): 76-89.

Taggaert, Paul. 2000. *Populism*, Open University Press.

Tourangeau, Roger, Lance J. Rips, and Kenneth Rasinski. 2000. *The Psychology of Survey Response*. Cambridge University Press.

Verba, Sidney, Kay Lehman Schlozman, and Henry E. Brady. 1995. *Voice and Equality: Civic Voluntarism in American Politics*. Harvard University Press.

Wagner, Markus, and Eva Zeglovits. 2014. "Survey Questions about Party Competence: Insights from Cognitive Interviews." *Electoral Studies* (34): 280-290.

Weisburg, Herbert F.. 2005. *The Total Survey Error Approach: A Guide to the New Science of Survey Research*. The University of Chicago Press.

Weiner, Robert J. 2013 "The Remains of the DPJ." In Pekkanen, Reed, and Scheiner (eds.), 65–71.

Wessels, Berhhard, and Hermann Schmitt. 2014. "Meaningful Choices: Does Parties' Supply Matter?" In Jacques Thomassen (ed.) *Elections and Democracy*. Oxford University Press, pp.38-59.

Weyland, Kurt. 1999. "Neoliberal Populism in Latin America and Eastern Europe." *Comparative Politics* (31; 4): 379-401.

———. 2001. "Clarifying a Contested Concept: Populism in the Study of Latin American

Politics." *Comparative Politics* (34): 1-22.

Wolf, Michael R., Laura Morales, and Ken'ichi Ikeda. 2010. *Political Discussion in Modern Democracies: A Comparative Perspective*. Routeledge.

Yamada, Masahiro. 2004. "Effectiveness of Adopting Populist Strategy and the Importance of Trust." Paper delivered at the annual meeting of the Japanese Political Science Association, Sapporo University, Sapporo, Hokkaido October 2–3.

——. 2016. "After Populism? The Long and Winding Road to the Westminster Model." *Japanese Political Science Review* (3), 1–13 (doi: 10.15545/3.1).

あとがき

　本書は筆者にとり，ここ10年ほど取り組んできた一連の投票行動研究をまとめたものである。まだまだ至らぬところ多く，文字通りの拙著ではあるが，とりあえず成果を示し，各方面からのご批判を仰いで今後の研究の糧としたい。

　思えば自分の研究者人生はJESプロジェクトと密接不可分である。JESプロジェクトとの縁は，1993年に我が師である蒲島郁夫が研究代表者として科研費「投票行動の全国的・時系列的調査研究」を得て，JES Ⅱプロジェクトを主導したことに始まる。特別推進研究という大型科研費を獲得した蒲島師に対し，筑波大学は助手ポストを与えることで支援した。その助手ポストに私が任用されたのだが，これは当時すでに家庭を持ち二人の子どもを抱えていた私にとって，文字通りの天佑であった。以来，JESプロジェクトには足を向けて寝られない身となり，2007年に平野浩先生が研究代表者を務めたJES Ⅳ（日本学術振興会特別推進研究「変動期における投票行動の全国的・時系列的調査研究」課題番号19001001）に研究分担者として参加を求められた際，選択の余地はなかった。本来，本書はその成果として出版されるべきものであったにもかかわらず，筆者の力不足によりそれがかなわず，平野先生にはお詫びのしようもない。

　小林良彰先生はJES Ⅴプロジェクト（日本学術振興会特別推進研究「政権交代期における政治意識の全国的時系列的調査研究」課題番号24000002）を研究代表者として主導し，筆者に本書の執筆を促し，ここに導いてくださった。JES Ⅴデータを得ることにより，なんとか本書を完成させることができた。ひとえに小林先生のご教導のおかげであり，心より御礼申し上げる。

　これら3名の先生方とともに，ここまでJESプロジェクトに関わってこられた先生方からは，常に多くを教わってきた。綿貫譲治（故人），三宅一郎，池田謙一，谷口将紀，名取良太，飯田健の各先生に感謝を捧げる。

　これらの先生方，そして本書各章において謝意を述べさせていただいた多くの研究者との出会いによって，筆者の研究者生活はまことに幸福なものとなっている。幾重にもお礼を申し上げたい。

　1996年に筑波大学を離れ，関西学院大学法学部に着任してから20年以上の時間が流れた。それまで関西には全く縁のなかった身であったが，学内外

の研究環境は快適である。中でも待鳥聡史，建林正彦，曽我謙悟（以上京都大学），大西裕，品田裕，藤村直史（以上神戸大学）といった先生方と研究会や酒席でご一緒させていただくことによって得られる知的刺激は何物にも代えがたい。

　2014年に学内の「特定プロジェクト研究センター」制度を利用して，「関西学院大学政治行動研究センター」を立ち上げ，学部の垣根を越えた研究交流の機会を作っている。ここから得られる知的刺激も大きい。その活動に関わってくださっている森康俊，三浦麻子，地道正行，稲増一憲，大村華子，善教将大の同僚各氏，ならびに研究会にご参加くださった皆様に感謝申し上げる。

　本書の出版にあたっては，木鐸社の坂口節子社長にご苦労をおかけした。原稿が遅くご迷惑をおかけしたことへのお詫びと，丁寧なお仕事への御礼をあわせて申し上げたい。

　最後に私事で恐縮だが家族への感謝を。常に私の健康に配慮し，3人の子どもたちを育て上げ，温かい家庭を守り続けてくれている妻のひろみには「いつもありがとう。これからもよろしく」と言いたい。また私が後顧の憂いなく研究に邁進できるのは，札幌で暮らしている実家の両親たち（山田邦春，啓子，桝澤則子）が健康で過ごしてくれているからである。そしてその両親たちを見守ってくれている弟たち（山田健裕，山田展裕）と義妹（岩本ともみ），そして彼らの家族に心からの感謝を捧げる。

2017年4月10日
山田真裕

索引

あ行

アカウンタビリティ・メカニズム　24-25, 31
アベノミクス　118-120, 125
インフォメーション・ショートカット
　（information shortcut）　25, 60, 154-155

か行

感情温度　33, 35-36, 41, 116-121, 125, 151, 155, 156, 161, 163
経済投票　28
期待　29, 31-32, 34-36, 41, 47
業績評価　28-29, 42, 144
業績評価投票（retrospective voting）　28
合意政治モデル（valence model）　29-31

さ行

サンプリング・デザイン　129-130
ジェンダー・ギャップ　165
私生活中心主義　119-122, 125
失望　29, 31-32, 34-35, 37, 41, 47
社会的望ましさ　106
シヴィック・ヴォランタリズム・モデル (civic voluntarism model)　102-103, 107
スウイング・ヴォーター　17, 23-24, 31, 38-42, 47-48, 50-61, 64, 87, 122-123, 124, 126
スウイング・ヴォーティング　16, 21, 23-25, 27-28, 31-32, 34, 36, 38-39, 41, 55, 57, 123
政権担当能力評価　14-15, 28-37, 41, 44, 64, 72-74, 93, 95, 101, 103-104, 107, 109-110, 126
政権評価　34, 64, 93, 94

政策選好　64, 72, 84
政治家（への）不信　96-98, 106
政治(的)関心　16, 31, 34, 38, 40-42, 45, 47, 51, 57, 59, 102, 104-105, 146, 155, 157, 160-162
政治(的)疎外　103-104, 144
政治(的)知識　16, 25, 31, 33-34, 38-42, 44, 47, 51, 57, 59, 146, 148, 164
政治的会話　54-55, 59, 60, 123
政治的情報環境　42, 51
政治的情報量　143, 148-150, 152-155, 157, 160, 162-163
政治的信頼　102, 104-105
政治的能力・判断力（political competence）　24-25, 42, 146, 148, 164
政治的無知　24, 123
政治的有力感　103-104
政治不信　100-101
政治満足度　96, 102, 104, 105
世界価値観調査（World Values Survey）　136
説得可能な有権者（persuadable voter）　30, 42, 60
全国化（nationalization）　14, 110, 111

た行

低情報投票者（low information voter）　143, 147, 162-163
党首評価　28, 34, 64, 72, 82, 89, 111, 124
投票義務感　102, 104-105

な行

内閣実績評価　32, 35-36, 44

ナショナル・スウイング　87, 110, 115

は行

ヒューリスティクス(heuristics)　25, 155
ポジション・ジェネレータ　51, 56
ポピュリズム　17, 42, 111, 125-126, 144-145, 147, 163-164

や行

闇雲な業績評価(blind retrospection)　31, 42, 164
有意義な選択(maeningful choice)　15, 101, 125
有効政党数　12

ら行

リスク態度　103-104
レヴァイアサン・データバンク　137

A

ANES (American National Election Studies)　133-136, 138, 140

B

BES (British Election Study)　30

C

CSES (Comparative Study of Electoral Systems)　125-126, 137, 148

D

DK("Don't Know")回答　16, 69, 148-155, 164-165

I

ICPSR (Inter-university Consortium for Political and Social Research)　138

J

JES(Japanese Election Study)　17, 21, 25-27, 32-33, 36-37, 54, 56, 58, 60, 64, 67, 74, 87, 91, 96-100, 102, 109, 111, 114, 116-117, 129-133, 135, 137-140

S

SSJデータ・アーカイヴ　36, 64, 137

著者略歴

山田真裕(やまだ　まさひろ)
1965年　北海道生まれ
1988年　筑波大学第三学群国際関係学類卒業
1993年　筑波大学大学院博士課程社会科学研究科学位取得修了(博士(法学))
現在　関西学院大学法学部教授

主要著書
『投票行動研究のフロンティア』(共編著), おうふう, 2009年
『政治参加と民主政治』東京大学出版会, 2016年

二大政党制の崩壊と政権担当能力評価
2017年5月30日第1版第1刷　印刷発行　ⓒ

著　者	山　田　真　裕	
発行者	坂　口　節　子	
発行所	㈲　木　鐸　社	

著者との
了解により
検印省略

印刷　フォーネット　製本　高地製本
　　　互恵印刷

〒112-0002　東京都文京区小石川 5-11-15-302
電話 (03) 3814-4195番　　振替 00100-5-126746
FAX (03) 3814-4196番　　http://www.bokutakusha.com

(乱丁・落丁本はお取替致します)

ISBN-978-4-8332-2503-8 C 3031

岡田陽介著
政治的義務感と投票参加
有権者の社会関係資本と政治的エピソード記憶　A5判 248頁定価：本体 3500 円＋税

民主主義を支える選挙での投票に，なぜ人は参加するのか，参加するべきであると感じるのかというテーマについて「日常世界のネットワークにおける個人的体験（経験）にとって形成された『政治的エピソード記憶』が，規範意識としての『義務感』を高めることを通じて，その政治的行動を規定する」という視点から探ったものである。

力久昌幸著
スコットランドの独立 　多層ガヴァナンスと政党制

本書の対象時期は，スコットランド議会の設立以降であるが，その間の政党政治に関する最も大きな変化は，長期にわたって支配的地位を維持してきたスコットランド労働党が急速に衰退し，逆に長い間泡沫政党の地位に甘んじていたＳＮＰが勢力拡大を遂げて今や優位政党となったことである。その契機は，国政レヴェルの労働党政権が実施した1999年の権限移譲改革であった。一四年の住民投票までにスコットランドの政党政治は分権改革以前とは一変した。　A5判 292頁定価：本体 4500 円＋税

松浦淳介著
分裂議会の政治学 　参議院に対する閣法提出者の予測的対応
A5判 238頁定価：本体 3000 円＋税

本書は，参議院の多数を野党が占める「分裂議会（divided Diet）」の発生が閣法の立法過程にどのような影響をおよぼすのかを包括的に把握しようと試みた。(1) 分析の視点を閣法提出者としての内閣および各省庁の側におき，(2) 国会内過程だけでなく，閣法が国会へ提出される以前の国会前過程をも分析の射程に含めた。そのうえで，閣法提出者による①閣法の選別，②閣法の根回し，③閣法の国会提出にそれぞれ焦点をあて，閣法提出者が分裂議会において抑制的な立法行動を余儀なくされていることを明らかにした。

中條美和著
知事が政治家になるとき

本書は，2000年から2008年まで2期8年間熊本県知事を務めた潮谷義子を事例とし，保守的な政治風土の熊本県でいかにして女性知事が再選されたのかを丁寧に追うもの。
A5判 238頁定価：本体 3500 円＋税

斉藤　尚著
社会的合意と時間 　「アローの定理」の哲学的含意
A5判 316頁定価：本体 4000 円＋税

一年遅れの刊行をお詫び申しあげます。

〒112-0002　文京区小石川 5-11-15-302
有）木鐸社（ぼくたくしゃ）
電話 03-3814-4195　ファックス 03-3814-4196　http://www.bokutakusha.com/